箱根駅伝　勝利の方程式

――7人の監督が語るドラマの裏側

生島　淳

講談社+α文庫

はじめに

箱根駅伝、戦国時代の予感

どうやら、箱根駅伝は「戦国時代」を迎えたようである。なんだか、ワクワクしてくる。ひょっとすると、毎年のように優勝校が入れ替わる可能性がある。２０１３年の日本体育大学の優勝は、箱根駅伝の「文法」をガラリと変えてしまいそうなのだ。

失礼な言い方だとは承知しているが、２０１３年の大会前は、４位以内に入れば御の字と思われていた日体大が優勝したことで、どの学校も「俺たちだって、箱根で優勝できるんじゃないか」と思うようになったのだ。

つまり、「メンタル・ブロック」が解けた。

スポーツというものは精神的な要素が大きく、特に格闘技系の競技だと、歴史の浅いチームが伝統校に勝とうとする時に遠慮してしまうことがよくある。

「俺たちが、勝っていいの？」

自分たちの力で勝っているのに、勝っていること自体に不安になってしまうのだ。そうすると、終盤での逆転劇がよく起きたりする。感動的な試合というものは、逆転した方に力があるばかりではなく、負けた方の精神面に「敗因」が宿っている場合が多い。

箱根駅伝の取材をしていても、選手たちからそんな話をよく聞いた。新興校と呼ばれる、平成に入ってから強化を開始した学校の選手だと、集団のなかで早稲田や駒澤の選手と並ぶと、「あれ、俺、大丈夫かな？」と不安になってしまうというのだ。せっかく並走しているのに、負けるイメージが先行してしまうのである。

箱根では、２０１２年まで精神面で優勝する準備ができていたのは、東洋大学と早稲田大学、そして駒澤大学の三校だけだったと思う。いうまでもなく、東洋大は柏原竜二をはじめとして、２００８年に入学した選手たちが優勝を経験しているだけでなく、選手たちの間に激しい競争心があったからだ（そのあたりの経緯は東洋大・酒井監督の話の中に具体的に出てくる)。

そして2011年の優勝校、早稲田大学には経験だけでなく、プライドがある。早大の面白いところは、どんな陣容であっても「とりあえず優勝を狙いにいく」スピリットが浸透していることだ。歴史を紐解いてみると、実のところ、早大は13回の優勝のうち戦前の優勝が7回で、戦後は1950年代に2回、1980年代に2回、そして1993年、2011年と優勝した時代がばらけている。毎年、見せ場は作るのだが優勝には手が届かないことが多く、黄金時代を作り切れていない。

しかし、それが早稲田の面白いところだ。競走部長距離ブロックの空気は自由で、選手の自主性に任される部分が多く、東洋大・酒井監督が、

「早稲田さんが、ウチのようにきっちりと練習環境から生活態度までを整えてきたら、これは嫌ですよ。でも、それをしないのが早稲田らしさ。渡辺監督のおおらかさだと思います」

というほどだ。

大学、そして競走部の歴史がそうさせるのだろうが、とにかく優勝を狙っていく姿勢があるから、メンタル・ブロックなどはない。早稲田は流れをつかめれば、いつで

も優勝する準備ができている。

同じようなことは駒澤大学にもあてはまり、駒大を選んで進学してくる選手は、まずテレビで走っている駒大の選手に憧れて入ってくる。「駒大で走りたい」というモチベーションがハッキリしているのだ。

2002年から2005年まで4連覇したという実績もあり、その時代のことを記憶している選手たちがほとんどだから、「優勝して当たり前」というメンタリティで練習を積んでいる。

ただし、2008年を最後に優勝から遠ざかっており、そろそろこうしたメンタリティがプレッシャーに変わりかねない時期に来ている。2013年の大会など、前哨戦となる全日本大学駅伝で優勝して本命視されていたが、直前に体調不良の選手が出て、優勝には届かなかった。駒大としてはそろそろ優勝が欲しいところだ。

近年の箱根駅伝はこの3校を軸にレースが展開していて、戦力的に見ても、優勝はこの3校のなかから出るのが自然だった。しかし日体大が優勝したことで、山登りの絶対的なエースを育てた上に、しっかりと20キロを走りきれる4年生がいれば、どの学校にも優勝のチャンスがあることが、改めて示されたのである。

日体大の優勝を受け、「ウチもうまくレースに乗れていればなあ」とか、「往路で札を切らず、復路にあの選手を温存しておけば、もっと面白かったのに」と悔やむ監督がいたのは間違いない。

２０１３年の大会は、箱根駅伝の今後を占う意味では、大きな意味を持つ大会となるはずだ。日体大の優勝はメンタル・ブロックを取り払い、どの学校も「ウチだって優勝を狙える」と信じはじめたことで、画期的な出来事だったといえる。そしてその影響は、ここから数年にわたって続くはずなのだ。

監督たちの戦いは続いている

「戦国時代」を迎えるにあたって、監督の技量が占める割合は、ますます大きくなる気配を見せている。もともと安定的な結果を残すためには、「監督力」が重要だということは分かり切った話で、数年前は監督の交代劇が頻繁に起きていた。大学側としては、強化にそれなりにお金を投資しているし、なんとか結果が欲しい。予選会が通過できないと、クビになるケースも見受けられた。

ここ数年、監督たちの「指導力」、「マネジメント力」は総体的に向上している。リクルーティング（選手勧誘、獲得活動の総称）での争いは激しさを増し、練習メニューなどの情報はすぐに広まり、共有されてしまうに等しい。

競争の激化と、情報の平準化。これが近年の箱根駅伝を取り巻く環境となっているが、だからこそ、どこかで独自の方法論を確立して、少しでもアドバンテージを握ることがとても大切になっている。

2012年から2013年は、新たな流れが生まれたシーズンでもあった。

まず、出雲駅伝では青山学院大学が三大駅伝を通じて初優勝を果たし、箱根では日体大が優勝したことで、両校のマネジメントスタイルが注目を集めた。

青山学院大の場合は、「調整力」がモノをいった。出雲駅伝は位置づけが難しい大会だ。まず、体育の日に毎年行われることもあって、夏合宿の疲れが抜けていない学校も多く、絶好調でレースに臨める選手が限られる。

また、監督たちは箱根を睨んで、短い距離の区間では駅伝経験のない選手を起用する傾向が強いため、大駆けする選手もいるが、ブレーキになる選手も出てくる。

つまり、出雲駅伝は不確定要素が極めて大きい大会なのである。

　青山学院大は、出雲に照準を合わせた。11月に行われる全日本大学駅伝には予選落ちして出場できないことが決まっていたため、出雲に思い切って狙いを定めることが出来たのである。災い転じて福となす。他校が実験も兼ねている大会に、万全の仕上げで臨み、選手たちが持てる力を存分に発揮した。原監督は、「マネジメント力の勝利だと思う」と語ったが、周りの状況を見据えた上で、ターゲットを絞った手腕が光った。

　一方、誰もが驚いた箱根駅伝の日体大の優勝だったが、別府監督の場合は、昭和時代を思わせる「劇薬」が30年ぶりの優勝をたぐり寄せた。

　2012年の19位という史上最低の結果を受けて、別府監督は服部翔大という3年生を主将に指名し、不満を持つ選手たちに関しては、「退部してもらってかまわない」と厳しい態度で臨んだ。選手たちの危機意識が増しただけでなく、別府監督自身が練習メニューでも基本の重視を打ち出した結果、ブレーキの少ない安定した走りを見せる選手が多くなった。いかに監督のマネジメントが大きな意味合いを持っているか、日体大の好成績を見てもわかる。

　そしてレースにおいては、近年では勝敗の行方を決することが多い5区の山登りを服部に任せ、強風をものともせずに走り切った3年生主将の活躍で、日体大は復活を遂げた。

いま、大学の駅伝で勝利する方法がはっきりと見えてくる。

ひとつは、青山学院大のように狙いを定めて選手を仕上げていくこと。ただ、このスタイルでは10人の選手が走り、長丁場となる箱根の攻略は難しいかもしれない。

もうひとつは、しっかりとしたエースを育てながら、区間3位以内の走りができる選手を10人そろえることだ。これが日体大の優勝したスタイルだ。エースと集団、これを並行して強化を進めていくことはとても難しいことなのだ。エースは練習から強さを発揮するから、そのレベルに他の選手がついていくのはつらい。反対にエースが周りのレベルに落としてしまっては、成長が阻害されてしまう。両者のバランスをどう取るべきか、監督の手腕が問われている。

日体大の別府監督は2013年の箱根で見事それを成し遂げたわけで、他の監督や選手たちもなんとか追いつこうと必死になっている。

新しい時代の箱根駅伝

今回の本の元となったのは、2008年に書いた『監督と大学駅伝』である。7人の監督、監督経験者に話をうかがってまとめた。今回は新たに東洋大学の酒井監督にインタビューを行ったが、この5年間で箱根駅伝はずいぶんと変わったな、と改めて思う。

まず、2008年の時点では柏原竜二はまだ箱根を走っていなかった。その4月に入学したばかりで、5月の関東インカレでその実力を示してはいたものの、全国的には無名の若者だった。それが「山の神」と崇められるようになり、彼だけでなく、箱根を取り巻く環境も大きく変わった。まさにバブル人気的な様相を呈しているが、特に女性ファンが多いのが特徴だと思う。毎年、大手町のゴール地点では、子どもからシニア層にいたるまで、たくさんの女性ファンが学生たちの走りをひと目見ようと集まっている。

そしてこの5年間には、日本の社会も大きく変わり、スマートフォンの加速的な普及によって、ツイッターやフェイスブック、LINEなどによって、人と人がたやすくつながるようになった。当然、若い選手たちは簡単に使いこなし、コミュニケーションのあり方が変わった。酒井監督への取材では、ツイッター世代の指導法なども併せて質問している。

つながる世代は、裏を返せばつながっていないと不安な世代でもある。そうした選手たちをどう指導しているのかは、とても興味深かった。

しかし監督たちの「根っこ」は変わっていない。

監督たちがどうして箱根に魅せられ、若者たちをどうやって育てていこうとしているのか。監督たちの言葉には、その疑問を解くカギが、たくさんつまっている。

目次

第１章

大八木弘明

〝苦労人監督〟が作り上げた
王者・駒澤、強さの秘密

駒澤大学
陸上競技部　監督

PROFILE　おおやぎ・ひろあき　1958年福島県生まれ。中学時代はジュニアオリンピックで5位入賞するも、福島・会津工業高校時代は故障で記録を残せず。小森印刷、川崎市役所を経て、'83年に駒澤大学に入学。川崎市役所に勤務しながら大学の二部に通った。箱根駅伝は3度走り、区間賞2回。卒業後はヤクルトで選手、コーチを経験し、'95年から母校駒大の指導にあたり、総合優勝6回を誇る。趣味は読書。

苦労人・大八木弘明、箱根を目指す

駒澤大学が初優勝を飾ったのが2000年の第76回大会。以来、2位を経てから4連覇。2008年の第84回大会では再び王座に返り咲き、世紀が変わって21世紀になってから、箱根は「駒澤時代」を迎えた。

この駒澤時代を築いたのは、監督の大八木弘明である。大八木自身はなんと25歳で箱根にデビューした経歴を持つ、異色のランナーだった。

中学3年生の時にはジュニアオリンピックの3000メートルで5位に入賞。その時に全国レベルで走ることにあこがれるようになった。正月、NHKラジオから聞こえてくる箱根駅伝はあこがれの的だった。

「いつかは箱根で走ってみたい。そう考えて会津工業に進学しました。会津工業からは日体大に先輩が進んで、箱根で走っていたんです。それが自分が箱根で走る道につながると思ってましたし、入学してからもやる気満々で、どんどん走っていました」

当時の自分を振り返ると、「欲」の塊だったと大八木は言う。とにかく強くなりたい一心で、ものすごい練習量をこなしていった。しかし大八木青年のやる気は空転してしまう。走り過ぎたがために高校1年で疲労骨折に見舞われたのだ。結局はそのケガがたたり、高校時代には記録らしい記録をまったく残していない。当然、有力大学から勧誘が来るわけもなかった。

それでも陸上競技をあきらめたくはない。自分が走ることに未練があった。そこで大八木は会津工業高校の陸上部顧問の先生の紹介で、小森印刷（現・小森コーポレーション）に入社する。

大八木の人生は転機の連続であるが、社会人になってからはケガも癒えて、だんだんと練習も積めるようになってきた。順調に回復し、自分なりに復活の手ごたえを感じていた。入社4年目の1981年の元日に伊勢路で行われた全日本実業団駅伝で大八木は、最長区間である6区を任され、18位でタスキを受けると1時間13分12秒で走破し、宗猛（旭化成）、森口達也（神戸製綱）に次ぎ、区間3位の好タイムで総合順位を15位に引き上げる活躍を見せた。

「この駅伝は大きな意味があったかもしれないです。自分に実力がついてきたのが分かったので、もう一度、箱根を走りたいという夢がまた膨らんできたんです」

それほど箱根の持つ意味は大きかったのだ。小森印刷を退社した大八木は川崎市役所に勤務しながら受験準備をし、なおかつトレーニングも怠らなかった。実業団で得たものは練習のノウハウで、勤めてはいたものの、自分で練習メニューを組み時間を工夫すれば練習量は確保できるはずだと考えた。

箱根に対する情熱が、常人ではこなせない日課を可能にしたのかもしれない。そうした生活を2年続けた後、大八木は駒澤大学の夜間学部に入学する。100パーセント大学生になるわけではなく、川崎市役所に勤務しながら大学に通い、練習することを考えると、勤務先から近い駒大が好都合だったということだ。

時は1983年、大八木は24歳で大学生になった。

結果的に駒大は、選手としてだけでなく、未来の監督をこの時に手に入れたのだ。

勤労学生、箱根を走る

大八木が入学した時の駒大はなかなかシード権を手に入れられない状況にあった（当時は9位まで）。1981年は8位だったが、1982年は13位、1983年の大八木が入学する直前の箱根でも12位に終わっていた。社会人を経験した大八木が入部すると、学生たちはどう接したらいいのか戸惑っているようだった。それはそうだ。普通だったら大学を卒業している年の人間が新入部員として入ってきたのだから。

「確かに上級生が戸惑ってましたね。実業団で走っていたんだから力はあるんだろうけど、なんだこのオヤジ、みたいに思ってたんじゃないかな（笑）」

大八木は多忙だった。平日の起床は朝7時ごろ。長距離ランナーは朝練習をするのが日課だが、大八木には無理だった。勤務先は小学校で、午前中の仕事が終わると、昼休みに多摩川の土手を走りに行く。準備も含め、約40分の間に8キロを走っていた。これが朝練習の代わりと言っていいだろう。

そして夕方に仕事が終わると、グラウンドに出向き、ひとりで練習。この施設はお願いして貸してもらっていたのだ。しかし夜の6時半には大学に行かなくてはならない。練習時間は約1時間強しか取れなかった。

大学の授業が終わるのは夜9時半である。それから近くで食事を取って、家に帰って雑用をこなしているとどうしても床につくのは夜中になってしまった。

このようなあわただしい生活をしていては、他の学生と一緒に練習するのは週末と合宿しかなかった。

実業団での実績がある大八木の実力は図抜けていた。1984年、いよいよ箱根の本番、すでに25歳になっていた新入生は5区を任される。タスキを受け取った時の順位は13位だったが快調に箱根の山を攻略し、1時間12分41秒の区間賞で順位を一つ上げて芦ノ湖のゴールラインにフィニッシュした。

翌年は飛躍が期待されたが、体調が思わしくなかった。花の2区を走ったが、区間5位。順位も二つ落としてしまった。

「貧血だったんです。でも、その時は何が原因か分からなくて、走っていても重い、自分の走りじゃないと感じるだけで。原因は食生活。学校では単位も取らなくちゃいけないし、食べるよりも走ることの方が大切だったから、栄養面のことはまったく考えていなかったんです。血液検査をしてみたら貧血ということで、通っていた定食屋さんにメニューを工夫してもらって。この時に初めて長距離ランナーにとって栄養面が重要だということが分かったんです。食べるより走る、それじゃ走れない（笑）」

3年生になると部内での大八木の立場が変わってきた。当時の森本葵監督だけでなく、一学年上の選手たちが大八木を信頼し、練習メニューの作成を依頼するようになった。選手でありながらコーチを務める、「プレーイング・コーチ」大八木弘明の誕生である。こうした土壌があったからこそ、後年、低迷していた母校の指導を引き受けることにつながっていく。

「この年のことは私としても思い出深いなあ。4年生のキャプテンがしっかりしていて、チームとして活気があった。私もプレーイング・コーチとして選手たちを引っ張っていくことができたし、実際、私と一緒に練習メニューをこなせるメンバーも増えてきた。まとまりのある合宿もできたし、みんなが『駒大、やれるんじゃないか』と自信を持っていたんです」

大八木の存在感がチームに好影響を与えていたのだ。ひとり強い選手がいれば、その選手が目標になる。迎えた1986年の箱根駅伝、大八木は2区中継点で6位でタスキを受け取ると、トップを争う日体大、早大とデッドヒートを繰り広げ、中継点前で日体大に差をつけられたが、区間賞の走りを見せ、駒大の順位を2位にまで上げた。続く3区ではトップに立つなどして、駒大は往路2位、総合では4位の史上最高の成績を残す。

「みんな、喜んでましたよ。一時的にせよ、駒大がトップを走ったんですから。でもね、優勝を狙ってたわけじゃないけど、優勝したかったなという思いは残りました」

大八木は3年生だったが、この箱根が最後の箱根駅伝になった。なぜなら、翌年は年齢制限で出場できないことを知っていたからだ。当時、箱根は27歳が上限だった。

大八木の箱根は、とりあえず終幕となった。しかし、この年の熱い感触があったからこそ、大八木には新しい思いが芽生えていた。

「最終的には陸上にずうっとたずさわっていたいと思うようになりましたね。練習の計画を立て、実行し、それが結果としてついてくる。陸上って、面白いなあと」

指導者として駒大に帰る

大八木は卒業後、ヤクルトに入社し現役を続けた。高校時代のブランク、箱根に至るまでの雌伏があっただけに競技への愛着は深く、33歳まで現役を続けた。その後もヤクルトの中距離コーチとなり、指導者として陸上にたずさわっていくという大八木の夢は実現した。そして人生を一変させる申し出があったのは、1995年のことだった。母校、駒澤大学からコーチ就任の要請があったのだ。

　１９８７年から日本テレビでの中継が始まり、箱根駅伝は各校の経営的な思惑も絡んで、１９９０年代前半は長距離の強化に力を入れる学校が劇的に増えた。

「拓殖大、帝京大あたりが実業団からコーチを呼び始めて強化に本腰を入れてたんです。駒大は私がコーチになる直前の１９９５年の大会は総合13位で、いよいよ来年は予選落ちじゃないかと関係者には危機感があったんです。私としては駒大には本当にお世話になったし、恩返しをしたいという思いもあったんですが、この状況で引き受けるのもどうかなあと思ってね。一度、予選落ちするようなショックなことを体験したあとであれば、立て直しやすいという計算もあって、『落ちついた状況になってからお引き受けしたい』と言ったんですが、私に声をかけてくれた高岡公《ただし》顧問に『それはダメだよ』と言われてしまって（笑）。もう腹をくくって引き受けるしかない、予選落ちという事態は避けなければいけないと覚悟を決めました」

　しかし当初から事がうまく運んだわけではない。大八木が面倒を見るようになった集団は、戦う集団には程遠かった。

「もう、ぜんぜんダメ（笑）。1年生なんか1キロくらい走って、朝練習もそこそこに途中から朝食を作りに合宿所に帰ってたんですから。こんなんじゃ、強くなれるわけがない。4年生の中にはタバコを吸っている選手もいました。長距離選手にとってタバコは百害あって一利なし。強くなりたいんだったら、タバコなんて吸わない。強くなりたいとか、速くなりたいとか、基本的な『欲』が見られなかったですね。これじゃ予選会通過も危ないというのは当然だと思いました」

大八木は早速、改革に乗り出す。36歳とまだまだ若い青年コーチは練習の充実を図るため、自ら合宿所の近辺を走り、練習コースの下見をした。まずは平坦なコースを決め、もう一つ12キロに及ぶアップダウンのコースを設定した。それまでの朝練習は学生の「自主性」に任されていたが、目的意識を持って行う選手は少なく、有名無実化していた。

それまで自分たちのペースで生活を送っていた選手たちは当然のごとく反発した。幾度となく、文字通り「対決」した。

大八木がコーチとしてやってきたのは1995年の4月だったが、3月に新入生として入寮していたのが、後にマラソンの日本記録をマークする藤田敦史（福島・清陵情報高）だ。箱根に出場しているチームに入学したのだから当然、厳しい練習が待っていて、自分は強くなれると信じていた。ところが朝練習よりも炊事当番の方が重視され、夕方の練習も食事当番の日は早めにあがって、夕食の準備をさせられた。

「藤田は3月に入寮してから1ヵ月東京で生活してみて、『強くなるために東京に出てきたのに、この1ヵ月はなんだったんだろう?』と疑問に思っていたそうです。しかし4月に私がコーチに就任してからすべてがガラッと変わりました。練習だけでなく、私生活から含めて指導していく必要があったんですが、困ったのは栄養面ですね。だって、1年生なんて実家で食事を作ったことなんてないんだから、ロクなものが作れるわけがない(笑)。だから栄養が大切な長距離選手なのに、毎食ファストフードを食べていたようなものですよ。私は学生時代に貧血に苦しみましたから、とりあえず食事は賄いにして食事当番を廃止。そこからは練習、練習、また練習」

大八木は直接は話さなかったが、実際に食事を作るようになったのはまだ小さい子どもを抱えた大八木夫人だった。夫人は学生時代、駒大のマネージャーとしての経験があり、陸上競技に必要なことを熟知していた。

しかし1年目は戦力も整っておらず、予選会突破が最大の目標になった。前年には順天堂大が棄権し、実質的な予選通過枠は5校といわれていた(当時の本選参加校は15校)。駒大はなんとか6位で通過し、正月を越えた。連続出場という伝統は守られたのである。

「最低限のノルマを達成したという感じでしたし、ホッとしましたね。箱根では1区に起用した藤田が区間賞争いを演じて2位でタスキをつないだ。ようやくここからスタートという感じでした」

この年、往路は10位でフィニッシュしたが復路に余力は残っておらず、総合では12位。シード権獲得はならなかったが、ここから本格的な強化が始まっていく。

「復路にかけろ！」――大八木のとった戦略とは？

選手のほとんどは強くなりたいと思って入学してきた人間である。低きに流れていた選手たちも、大八木の情熱、そして自分の記録が更新されていくのを見て信頼を寄せ始めた。

翌年も心配だったのは予選会だった。１９９６年の大会では優勝候補だった山梨学院大と神奈川大が途中棄権してしまったため、予選会に回ってきたのだ（この両校は翌年に行われた本戦で神奈川大が優勝、山梨学院大が2位という結果になった）。そうなると実質的な予選突破枠は4枠。油断のならない予選会だった。

しかし2年目を迎え、練習内容は充実していた。それに加え、西田隆維（栃木・佐野日大高）、大西雄三（福井・美方高）らの即戦力となる新人が入り、駒大は予選を通過。そして本戦で大八木は際立った作戦をとる。

1997年の第73回大会で大八木がとった戦略は、「復路優勝をもぎとる」という、シンプルだが意外性に富むものだった。

「私としてはなんとか選手たちに自信をつけさせたかった。そのためにはどんな形であれ『優勝』することが一番だと思ったんです。そこで狙ったのが復路優勝でした。極端な話、往路はビリでもいいと思ってたくらいで、復路に有力選手を投入しました。でも、実際には往路で結果が残せないとそれが復路の選手にも伝染してしまう場合がありますし、6区がメタメタだったら目も当てられないなと思ってたんですが、やってくれました」

大八木の戦略は功を奏する。大八木がしたたかなのは、ほとんどの学校が往路重視のオーダーを組んでくることを見越していたことで、往路はじっと我慢しながら1月3日の復路を待った。順調に力をつけてきた選手たちなら、復路優勝を手にするチャ

2008年の第84回大会で6度目の総合優勝。
選手たちと抱き合う大八木監督

ンスは十分にあると睨んでいた。それでもエースの藤田敦史を往路の2区に起用していたのだから、選手層が厚くなっていたのは間違いない。

往路を9位で終え、シード権争いには十分な位置を確保した駒大は、6区・河合芳隆（2年・滋賀・水口東高）、7区・大西雄三（1年）、8区・北田初男（2年・埼玉・春日部東高）、9区・山下秀人（4年・佐賀・鹿島実高）、10区・松本直人（3年・埼玉・越谷西高）の5人全員が区間2位の走りを見せ、狙い通りに復路優勝を飾っただけでなく、復路新記録まで作ってしまったのだ。

「往路を犠牲にして復路にかけたことが成功しました。この復路優勝は私にとっても大きかった。まず何よりも選手が自信を持った。『駒大だって、やれるんだ』という手ごたえを感じてくれたわけで、この復路優勝が駒大の『転機』になりました」

しかし結果ばかりが信頼を醸成するものではないと大八木は言う。指導者の日常の姿勢、練習の取り組みが選手に見られている、そのことを忘れてはいけない、と。

「点と点では学生たちは信頼してくれません。コーチの姿勢が『線』になってこそ初めて信頼してくれるんじゃないでしょうか。だから私はいつも練習を見る、選手を見ています。練習するのは学生ですから、コーチは苦しい練習を見てくれるのか、頑張ってるところをずうっと見てくれてるのか、ということが問われると思います。時々来て、好きなことを言って帰っていくようじゃ指導は『点』にしか過ぎません。それじゃ、選手は絶対に信頼を寄せてくれない。ずうっと成長を見守ってこそ、『線』になる。その意味ではとても時間がかかるし、根気が必要なんです」

必殺のシナリオ、強さの秘密

復路優勝してからの駒大の成長ぶりには目を見張るものがあった。指導3年目の1998年、第74回大会では往路2位、復路2位の総合2位。優勝した神奈川大とは4分05秒の差があったが、コーチが交替してから短期間にこれだけの急成長を遂げた学校は記憶にない。

この年のメンバー編成を見ると、4年生は4区の藤田幸則（岐阜・群上高）と5区の足立康光（京都・福知山商高）のふたりだけで、あとは3年生5人、2年生3人という顔ぶれ。つまり入学してから大八木の薫陶を受けた選手が中心となり、箱根で十分に戦える力をつけたのである。これは有望な選手をリクルーティングした結果ではなく、練習の成果であるところに意味がある。

翌1999年は十分に優勝を狙える布陣と思われ、4区で藤田敦史がトップに立つと、9区途中までリードを保ったが、9区で順天堂大に逆転され、総合準優勝。

そして2000年の第76回大会、前年のチームから藤田ら3人の主力メンバーが抜けたものの、1年生3人、2年生4人、4年生3人という布陣で総合初優勝を飾ったのである。翌年は2位に終わったものの、2002年からは初優勝メンバーが中心となり、4連覇を達成する。

この駒大の強さは、いったいどこから生まれてきたのだろうか？　大八木がその一端を披露してくれた。それは「シナリオ作り」にあった。

「私は選手たちを前にして、12月30日にシナリオを発表するんです。今度の箱根はこういう展開になるぞ、という流れです。優勝する時はこのシナリオがぴったりはまるものなんですよ。2008年の例でいくと、往路は5時間33分台でトップから1分30秒遅れの2位か3位、と選手たちに話したんです。実際には5時間34分22秒の2位でした。復路は6区で差を詰めて、7区、もしくは8区で逆転というシナリオでしたが、6区で離されてしまい、やや計算が狂いましたが、9区の堺が逆転してくれました。私のシナリオでは、総合成績は11時間04分50秒から11時間05分10秒台の間で優勝すると選手に話したんですが、実際には11時間05分ちょうど。選手たちはシナリオ通りの強さを発揮してくれました」

大八木の「シナリオ発表会」は10月の出雲駅伝、11月の全日本大学駅伝の前にも行われる。箱根駅伝の前哨戦ともいえるこうした大会の前には、シナリオ上では必ずしも優勝が結末に用意されているわけではない。走る距離も違うし、ライバルとなる大学の選手たちの力量もまだ未知数だ。こうした大会を経験しながら大八木は情報を蓄え、練習を重ねた上でシナリオ作りに励む。

それにしても総合タイムにほとんどズレがないのが大八木の指導者としての並々ならぬ力量を示している。このシナリオを書くには、年間を通しての練習計画、そして実行があり、試合直前での選手のコンディションの正確な把握が絶対に必要になる。12月30日にシナリオを発表するのは、直前に発表してチームの士気を高めるのももちろんだが、箱根3日前まで選手の調子を見極めるという大八木の冷徹な観察眼が発揮されるためではないだろうか。

復路重視——もう一つの強さの秘密

そしてもう一つ、駒大の強さを分析する上で見逃してならないのは、復路を重視する姿勢をとっていることだ。この姿勢は今に至るまで変化はない。

選手に自信をつけさせるために復路優勝を狙った1997年と一緒なのだ。つまり、コーチとして指導を始めて復路重視の姿勢をとったことが、その後の駒大の基本的な戦略になったのである。

「私が現役のころは、順天堂大が強かった。順天堂の戦略を見ていると、復路にいい選手を投入していたことが分かります。1999年に順天堂に逆転された時も、9区、10区に区間賞を獲った選手を残しておいてひっくり返された。ある意味、選手層の厚みが違ったわけなんですが、復路に勝負をかけるオーダーを組むのは、それなりに駒がいないとできない作戦なんです。復路優勝だけを狙えば大丈夫なんですが(笑)。総合優勝を狙っていくとなると、往路にもある程度人材を配置した上で、復路に1万メートルを28分台で走れる、信頼できる選手を投入していく必要があります」

おそらく大八木は2区、5区といった往路の重要な区間は別として、復路から選手を配置していくのではないだろうか。話を聞いていると、そんな印象を受けた。

2008年に王座を奪回した時の布陣は、7区に豊後友章（4年・熊本・鎮西高）、8区に深津卓也（2年・群馬・東農大二高）、9区に堺晃一（4年・兵庫・飾磨工高）という1万メートル28分台の記録を持つ選手をずらりと並べたのが印象的だった。

しかし大八木は、往路はただ単に復路の信頼できる選手までつなぎさえすればいいというわけではない、と話す。

「箱根も野球と一緒で、大砲ばかりそろえたとしても勝てないんです。大切なのは『つなぎ』の選手を丁寧に育てていくこと。派手な走りを見せてくれるわけではないけれど、しっかりとタスキをつないでくれる選手を育てる。これが優勝につながります。これは駒澤の特徴といってもいいでしょう。つなぎなくして、結果は残せません」

駒大の特徴は箱根ならば10人が10人、安定した走りを見せることだと言われる。2008年の優勝チームのメンバーを見ても、区間賞を獲ったのは8区の深津ひとりだが、3区と6区を除いては全員が区間5位以内の好走を見せているのだ。

例えば駒大には、俗にいう「大砲」が伝統的に少ない。藤田などは例外中の例外と言っていいほどだ。しかし他校がエースを投入する2区でも大きく遅れることがない。2008年も2年生の宇賀地《うがち》強（栃木・作新学院高）がモグス（山梨学院大）、ダニエル（日大）、伊達秀晃（東海大）といった強敵を相手にしても区間5位と無難な走りを見せた。タスキを受けた中継所では2位だったが、結果的には順位を3つ落としてはいる。

しかし大八木の大局観から言えば、宇賀地は順調な走りを見せたことになる。2区でたとえ後退したとしてもまったく慌てる必要がないわけだ。これもシナリオで想定したことなのである。

「時には実力のある選手でも、他校との戦力を相対的に比較した場合、レース展開によっては、2区がつなぎになることは十分にありえることなんですよ」

大八木は淡々と話してくれたが、これは相当、強烈な言葉である。強豪ひしめく2区をつないで優勝へ持っていく。

2区はつなぎといい切れる指導者は、そうそういるものではない。

その強さを形作っているのは、その練習方法にあることが生江有二著『タスキを繋げ！』（晋遊舎）からうかがえる。

「駅伝の世界で言う『ポイント練習』とは、本来は『普段より長い距離とタイムに挑む重点日』を意味するのだろうが、現在は使い方が少し異なる。もちろん、ハードな長距離を走るのだが、駒大のそのスタイルは『集団長距離走』である。一人も落伍しないように集団を作り、最後までこぼれ落ちずに走ることが要求される厳しいトレーニングだ」

読むだけでも胃が痛くなってくるようなトレーニングだ。集団から離されることが許されない状況で練習を積むこと、むしろ、そうした練習ができるほど、駒大が強い選手の集団であることが連想される。

駒大らしい選手とは？

駒大の強さを形作っているもう一つの理由は、大八木が「駒大らしい選手」をリクルーティングできているからだと思う。

現在、箱根駅伝は素材の獲得と現場でのトレーニング、そして本番に向けたコンディショニングが競争の根幹部分になっている。

特にリクルーティングは全国に情報網が発達しているだけでなく、各地の競技会が盛んになって、才能の取りこぼしはほとんどないと言っていい。

記録会ではペースメーカー的な存在の選手がいて、そのペースに合わせていけば好タイムをマークすることができる。箱根を走りたい選手は高校時代にある程度のトラックの記録を残さないと、勧誘されない状況になっているから、記録会で積極的なレースを見せることが多い。

激化するリクルーティングではあるが、駒大の箱根での安定した力は、高校生に対しての最高のアピール材料である。「駒大で走りたい」と希望する選手は毎年のようにおり、大八木としては素材を獲得しやすい状況にはなった。高校生をリクルーティングする時に重視するのはどういった部分なのだろうか。

「フォームについていえば、ムダのない、理にかなった走り方をしている選手がいいです。ただ、それだけではなくて、私が直接話をしてみて、強くなりたい、速くなりたいという『欲』があるかどうかも重要です。それと駒澤が好きかどうか。本気で駒澤に入りたいと思っている選手は、入学後も成長していきますから」

大八木によれば、駒大にこだわりを持つ選手は、動機が明快だという。

「駒大のイメージって、はっきりいえば泥臭いということだと思うんです。早稲田のように華のある選手や、明るい雰囲気は持っていないかもしれない。でも、まじめに一生懸命頑張っている姿勢が箱根を通して伝わっているんじゃないかと思います。それを感じ取った選手が駒大を志望してくれて、私はそれに応える。育てる。練習で強くなって、チームとしてそれを積み上げていく。派手じゃないかもしれないけど、それが駒大のカラーなんです」

駒大には独特のカラーがある。箱根で走る駒大の選手を見ても、髪は短めで清潔な印象がある。これは大八木の指導が端的に現れている部分だ。

「基本的にはアマチュアですから、学生らしいスタイルで、爽やかであることは最低限の条件でしょう。走る時にはサングラス、茶髪、ピアスは禁止です。見た目をチャラチャラする前に、自分が何をしなくてはいけないか、それを理解しないと強くなれません。そういう格好をしたい選手はウチには来ないですし、高校の時から駒大で走りたい、といってくる選手は、そうした駒大のスタイルをある程度理解して入ってくる」

テレビを通じて大八木のスピリットに触発された高校生が紫のタスキにあこがれ、

駒大のカラー、伝統が形作られている。

それでも大八木は、極端にはリクルーティングに重点を置いていないという。あくまで両親から、高校の指導者から預かった選手を大切に育てていくのが大八木の仕事であり、その意味では「現場主義」を貫いている。

大八木自身、高校時代に目立った記録を残していなくても、「つなぎ」として成長してくれる選手を育てるのが大好きだ。今では高校生で5000メートルを14分台で走る選手は珍しくもなんともないが、14分40秒から50秒で走る選手でも、関東と地方の選手ではその意味合いが違うという。関東はレベルが高く、それにつられて記録会でのタイムが出やすい。最近では関東と地方の格差は縮まってはいるが、それでも大八木は地方の選手が順調に育って駒大の選手になっていくことを喜ぶ。時にはそれが5区、6区という箱根の山登り、山下りという重要な区間の場合もある。

「5区、6区の特殊区間については基本的には登り、下りに合う選手を見つけて育てるというのが大切でしょう。ただ、平坦なところではなかなか記録が出ない選手を5区、6区に抜擢《ばってき》して育てていくという考え方も必要だと思います。2002年から3年連続で6区を走った吉田繁（熊本・鎮西高）は、1万メートルの記録でいったらチーム内で15番目か16番目の選手でした。でも走り方や性格を見ていたら、これは下り向きだなと思ったんです。6区に抜擢してみると2年生の時には60分を切って区間2位、3年、4年の時も60分台で走って総合優勝に貢献してくれました。彼のような選手を見つけて、育てて、結果を残す。私としても、やりがいを感じましたね」

選手を適材適所に配置していく。それが駒大の強さにつながっている。

箱根は選手のゴールなのか？

ここまで駒大が強くなってくると、どうしても日本の長距離界を背負ってくれる人材が欲しくなってくる。

大八木は私が書いた『駅伝がマラソンをダメにした』（光文社）のことも知っていた。おそらくそれを前提にして、力強い調子で箱根は陸上長距離界を強化する舞台にならなければいけないと力説した。

「箱根から世界を目指す選手を指導者は作っていかなくてはいけないし、やらなければいけない。箱根は通過点に過ぎないんです。オリンピックのトラックやマラソンを目指そうとする選手は、大学4年間でその心構えを作っていかなくちゃならない。ただし、箱根を走る選手の間でも、能力の差はあります。もし、マラソンに挑戦したり、上の方を狙う素質があるんだったら、箱根で満足しちゃいけないし、終わりにしてはいけない、終わりにするなと私は言います。ですから3年生の時点で、ある程度将来のことは決まってきます。4年間頑張って箱根に出られるかどうか微妙な選手だっていますから、そういう選手には一般企業に就職することを勧めますし、残された時間で私がキチッと育てられるかどうかが問われます」

2012年のびわ湖毎日マラソンでは、窪田忍（3年・福井・鯖江高）がフルマラソンに初挑戦するなど、箱根からその先を見越したプランを大八木は実行に移している。指導者としての新たな挑戦だ。

箱根は通過点。大八木の言葉はここ数年、実体を伴った力強い言葉になってきた。

その大八木も2013年の7月に55歳を迎えた。指導者として自分がどこまで続けられるか、そんなことも考えるようになった。

「根気強さ、情熱がいつまで続くかなあ。教え子もコーチとして大学に帰ってきてくれて、私としては『指導者を育てる』こともしていかなくてはならないと思います。

でも、学生の大切な4年間を預かってその選手を強くしよう、教えようという気持ちはまだまだあります。いつまでも満足しちゃいけないんでしょうね。私は選手に育てられたんだということを実感してます」

大八木と駒大とのつながりは、必ず「異化作用」をもたらしてきた。24歳で大学に入学し、「なんだ、このオヤジ」と白い眼を向けられたが、黙々と練習に励む態度、そして何よりも強さが若い学生の信頼を得た。

そして次は指導者として、戦う集団としての本能を忘れかけていた後輩たちに、ショック療法を与え、あっという間に箱根の強豪校へと変身させた。

駒大にとって、異界からやって来た大八木は常に成功の果実をもたらしてくれた殊勲者である。

インタビューの間、大八木の言葉からは東北の響きが感じられた。私自身、東北の出身だが懐かしくもあり、朴訥な人格が伝わってくるようだった。

もう一度、箱根の優勝を

安定した成績を残してきた駒大だが、箱根では2008年を最後に優勝から遠ざかっている。特に2013年の大会では、前哨戦となる全日本大学駅伝で優勝し、本命視されていたが往路で目算が狂った。

「風邪にやられました。7区にキャプテンの撹上（宏光）を使おうと思ったんだけど、直前になって体調が悪くなって、4区に起用しようと思っていた久我（和弥）を7区に回して、4区に初出場の選手を入れたんです。そこでブレーキが起きてしまって、勝負できなかったね。それでも復路で優勝して、なんとかメンツは保ったという感じかな。やっぱり箱根はむずかしい」

終わってみれば日体大、東洋大についでの総合3位。ミスがなければ……との思いはなかなか拭えないだろう。しかし、この大会は大八木の新しいレースプランが披露された大会だった。

これまでの駒大といえば復路重視で、8区、9区で逆転する戦略を採ることが多かった。それはエース級の選手の起用法を見れば明らかで、２０１２年の大会でいえば窪田忍を９区に起用した。当然、２０１３年も窪田を復路に起用するかと思いきや、花の２区に投入してきた。そしてスピードランナーの村山謙太（２年・宮城・明成高）を５区に使い、往路を重視するオーダーを組んできたのだ。

「いまの箱根は出遅れてしまうと、優勝のチャンスは消えてしまうからね」と大八木もトレンドに合わせた戦略を練ってきた。残念ながら窪田は疲れが残っていて本来の力を発揮できず、村山はタスキを受けた位置が悪く、見せ場を作れなかった。

それでも時代の流れに合わせ、積極的な戦略を打ち出してきたことで、進化を止めない姿勢が浮かび上がってきた。再び優勝するためには、これまでとは違った発想でレースに臨む――その意欲がある限り、常に駒大は優勝を狙える位置につけるだろう。

また、エースの窪田がマラソンに挑戦したように、素質の豊かな選手については駅伝だけにとどまらず、上位のレベルで活躍できるような土台作りを意識している。ここ数年、東洋大、早大と三強を形成して飛躍的にレベルがアップしたことで、大八木にも「日本代表になる選手を育てる」意欲がみなぎっているのがうれしい。

大八木の存在は、箱根駅伝に欠かせないものとなっているのだ。

駒澤大学

過去の箱根駅伝成績
（初出場以降）

回	年	総合	往路	復路
43	67年	13位	13位	14位
44	68年	14位	14位	14位
45	69年	13位	12位	15位
46	70年	10位	9位	11位
47	71年	9位	8位	10位
48	72年	9位	12位	9位
49	73年	9位	7位	11位
50	74年	12位	12位	12位
51	75年	9位	7位	9位
52	76年	7位	7位	8位
53	77年	7位	6位	8位
54	78年	13位	9位	13位
55	79年	12位	12位	9位
56	80年	11位	9位	13位
57	81年	8位	7位	8位
58	82年	13位	13位	14位
59	83年	12位	10位	12位
60	84年	12位	12位	12位
61	85年	11位	12位	8位
62	86年	4位	2位	8位
63	87年	12位	7位	14位
64	88年	12位	10位	10位
65	89年	6位	6位	7位
66	90年	14位	12位	13位
67	91年	9位	11位	8位
68	92年	8位	6位	10位
69	93年	6位	9位	6位
70	94年	11位	14位	10位
71	95年	13位	13位	13位
72	96年	12位	10位	15位

回	年	総合	往路	復路
73	97年	6位	9位	優勝
74	98年	2位	2位	2位
75	99年	2位	優勝	5位
76	00年	優勝	優勝	優勝
77	01年	2位	4位	4位
78	02年	優勝	2位	優勝
79	03年	優勝	2位	優勝
80	04年	優勝	優勝	優勝
81	05年	優勝	2位	優勝
82	06年	5位	2位	11位
83	07年	7位	7位	7位
84	08年	優勝	2位	優勝
85	09年	13位	15位	7位
86	10年	2位	8位	優勝
87	11年	3位	5位	3位
88	12年	2位	4位	2位
89	13年	3位	9位	優勝

第2章

渡辺康幸

早稲田大学
競走部　駅伝監督

箱根のスターは
早稲田復活の狼煙《のろし》をあげた

PROFILE わたなべ・やすゆき　1973年千葉県生まれ。市立船橋高から早大に進み、箱根駅伝には4年連続出場。1年時には総合優勝に貢献。'95年世界選手権代表。早大卒業後はエスビー食品に進み、アトランタ・オリンピック1万メートル代表に選ばれるも故障で欠場。2004年から早大の駅伝監督に就任し、'11年に総合優勝を果たす。趣味はゴルフ。先輩である瀬古利彦ともよくプレーする。「陸上はストイックな世界なので、ゴルフをしているとあまりよく思われない。でも、息抜きには最高ですし、人間関係が飛躍的に広がるのがプラスですね」

強いワセダが帰ってきた！

２００８年1月3日、第84回箱根駅伝の表彰式が行われる東京ドームホテルで、渡辺康幸はいきいきとした表情を浮かべていた。

早稲田は5区・駒野亮太（4年・東京・早稲田実高）の活躍もあって往路優勝。9区途中までトップを走り、箱根を盛り上げる立て役者となった。

敗れたとはいえ、渡辺の顔には自然と笑みがこぼれていた。

「この結果で喜んじゃいけないんでしょうけど、でもやっぱりうれしいです。2位で満足しちゃいけないですけど、選手たちはよくやってくれました」

監督になって4年目。監督になりたての時に入学してきた選手たちを丹念に育て、結果を残せたことに渡辺は満足げだった。

渡辺は競走部（大正3年＝１９１４年の創部当時は陸上競技という言葉がなかったため、この名称となった）ＯＢや関係者からだけでなく、早稲田大学全体からプレッシャーを受ける立場に置かれていた。

「2007年、早稲田はちょうど大学創立から125周年を迎えて、この記念すべき年に向けて各体育会が強化を進めてきたんです。野球部にはちょうど斎藤佑樹君が入学して春・秋と連覇して、ラグビー部も清宮（克幸・現・ヤマハ発動機ジュビロ監督）さんが2001年に監督になってからは安定した成績を残していました。野球、ラグビー、それに競走部は強化指定部ということもあって、結果を残さなければいけないプレッシャーもあったんですが、ようやく大学と現場が一体になったことでいい結果が残せたと思うんです。喜んじゃいけないと思う半面、エースの竹澤（健介）がケガをして必ずしも万全な状態とはいえなかったんですが、その中で選手たちは力を十二分に出し切って往路優勝した。これでようやく大学に顔向けできるという感じです」

箱根に、強い早稲田が帰ってきた。これが2011年の優勝への序曲となった。

早稲田、ついに優勝す

そして2008年の春、有望な高校生がどっと早大に入学してきた。矢澤曜（神奈川・多摩高）、八木勇樹（兵庫・西脇工高）、三田裕介（愛知・豊川工高）といった高校時代から実績を積んできた選手が入り、部内の競争が激しくなった。実際、この3人は1年生時から箱根を走り、1区の矢澤、4区の三田が区間賞を獲得し、7区を走った八木が区間2位の走りを見せて総合2位。ただし、この大会では優勝するチャンスがあったと渡辺は悔やむ。

「1年生に加えて、竹澤（兵庫・報徳学園高）がいましたからね。竹澤は故障があって2区ではなく、3区で起用して区間賞。4区で三田がトップに立って、完全に流れはウチのものだと思ってました。ところが、東洋大に柏原君がいたんです。4区が終わった時点で、ウチと東洋との差は4分58秒ありました。常識で考えたら、絶対に逆転はあり得ないタイム差です。しかし、残念ながら、東洋大に逆転を許してしまった。復路でもせっかく逆転したのに、8区で再逆転され2位。2008年の2位とは違って、かなり悔しい2位でした」

しかし、この敗戦が早稲田を大きく成長させる。翌年の箱根では「柏原対策」が急務となり、5区に八木を起用するなどして優勝を狙ったが、またも箱根山中で柏原に逆転を許して総合7位。メンバーの素質を考えた場合、不満が残るレースとなってしまった。しかし、この惨敗を受けても渡辺は強気な姿勢を崩さなかった。学年が改まり、2010年の春がやってくると「駅伝三冠」をシーズンの目標として掲げた。箱根はおろか、出雲、全日本でもしばらく優勝から遠ざかっていただけに、いささか無謀な試みにも思えたが、渡辺には自信があった。

「まず、ウチの陣容を見渡してみて、三大駅伝を十分に戦える戦力がそろっていると自信を持っていました。スピードが要求される出雲、メンバーの質、厚みが必要になってくる全日本、そして長距離の箱根。ちょうど新入生で大迫（傑・長野・佐久長聖高）が入ってきたこともあって、戦略的にかなり選択肢が増えたことも大きかった」

そして渡辺は、大迫や3年生になった矢澤、八木、三田だけでなく、地味ながらも人間性豊かな4年生の存在にも自信を持っていた。

「特に箱根で優勝するためには、4年生が安定した、味のある走りをする必要があって、この学年にはそうした人材がそろっていたんです。主将の中島（賢士・佐賀・白石高）は1年生の時から箱根を走ってましたし、高野（寛基・長野・佐久長聖高）はもともと素質は高い。そこに北爪（貴志・東京・早稲田実高）や一般入試で入学してきた猪俣（英希・福島・会津高）のようなたたき上げの選手も加わって、特に復路を安心して任せられる人材が育っていたんです」

シーズンが始まってみると、早稲田の強さが際立った。10月の出雲駅伝では矢澤、大迫とつなぎ、1年生の志方文典（兵庫・西脇工高）がそれまでの区間記録を上回るタイムで走るなどレベルの高さを見せ14年ぶりの優勝。

そして全日本では1区で矢澤が出遅れたものの、大迫、八木が追い上げると、4区で2年生の佐々木寛文（長野・佐久長聖高）がトップに立って、そのまま逃げ切った。特に中盤以降を走った選手たちの走りの質の高さが目立ち、エース級ばかりでなく、層の厚みを見せて「駅伝三冠」まであと一歩に迫った。

箱根に向けての渡辺の戦略は、スピードが要求される往路では1区に大迫を起用して一気にリードを奪うというものだった。大迫はレース序盤から独走状態を築き、タスキを渡す時点では2位におよそ1分、ライバルとなる東洋大とは2分1秒の差をつけて2区につないだ。大迫の圧倒的なスピードが早稲田にレースの主導権をもたらしたのである。

「大迫は期待通りの走りを見せてくれました。他の選手を圧倒しましたからね。あれが、箱根から世界へとつながる走りです」

2区から4区まで首位をキープ、そしていよいよ柏原との対決が待つ5区へと突入する。レース前、早大にとって最大の誤算だったのは山登りを予定していた佐々木が故障のため5区を走れなくなり、12月下旬の段階で新たに特殊区間である5区を走る選手を決めなければならなかったことである。部内の話し合いでは、経験のある八木の起用も検討されたが、最終的にはもともと9区を走るはずだった猪俣に決まった。

猪俣にタスキが渡った時点で東洋大との差は2分57秒。渡辺は「少なくとも5区までに東洋大に対して3分の貯金は欲しい」と話していた。ほぼ目論見通りの展開ではあった。しかし渡辺が「柏原が追いかけてくる80分間は、人生でいちばん長い80分間」と話すほどだが、まさに柏原は怒濤の追い上げで猪俣を抜き去り、早大はまたも往路優勝を東洋大に譲った。しかし、猪俣が27秒差でゴールしたことが復路に生きてくる。

箱根では6区だけ、道路事情もあって運営管理車がつかない。つまり、監督たちは選手の後方で指示を出すことが出来ないのだ。渡辺は6区を走る高野に、

「センターライン付近は滑りやすいので気をつけること。じっくり追い上げて、下りきってから勝負しても十分に逆転できる」

と指示を出していたが、高野は渡辺の意向をほぼ無視した。

「高野の走りにはたまげましたね。最初っから飛ばしていったし、東洋大の選手と並んでからはガンガン攻めるし。一度は、センターラインに足が乗ってしまって、転びましたからね（笑）。おいおいおい、という感じでテレビを見てましたが、あの積極性が高野の持ち味でした。その意味で、楽しませてもらいました」

高野はゲーム好きで、夜中でも遊んでいたので渡辺がゲーム機を取り上げたこともあった。4年生になってからは長距離ブロック長だったが、結果が残せずに交代させられたりもした。名門・佐久長聖出身でありながら、4年まで箱根の出番がなかったのは、高野がたどってきた道が必ずしも平坦ではなかったことを示している。

そんな手間のかかる選手が、自分の指示を無視して飛ばしていく姿を見て、実際はヒヤヒヤものだっただろう。それでも高野が逆転し、それを三田、北爪、八木、そして主将の中島とつないで東洋大とは21秒差で早稲田は18年ぶりの優勝を達成した。渡辺が大学1年生で優勝して以来のことである。

レースが終わって、渡辺はそれまでの自分の監督人生を振り返ってくれた。

「成功と失敗の繰り返し。これにつきます。２００８年に準優勝して、これでようやく優勝できる土台が作れたと思ったら、東洋大に柏原君という怪物が入ってきた。もし、彼がいなかったら早稲田の優勝回数は増えていたと思いますよ。でも、打倒・東洋を考えるうちに、強いチームを作ることができた。5区で2度も逆転されたことが優勝へは必要なことだったんじゃないかと思います」

では、渡辺が現役時代から指導者となり、優勝するまでに培ってきたものを振り返ってみよう。

箱根のスターランナー

渡辺は、選手として箱根駅伝に鮮烈な印象を残した。1992年に千葉の市立船橋高校から入学すると、すぐに早稲田のエースとなった。

最初の箱根で任されたのは「花の2区」。同じ1年生のステファン・マヤカ（山梨学院大）にまったくヒケを取らず、区間2位の記録でトップを守った。2年先輩には櫛部静二（山口・宇部鴻城高）、花田勝彦（滋賀・彦根東高）、武井隆次（東京・國学院久我山高）といったスター選手が並び、早稲田は見事に総合優勝を果たした（19

93年・第69回大会)。

「京都で行われる高校駅伝もすごい大会ですけど、箱根を走ってみたら、こんなにすごい大会があるのかと圧倒されました。とにかく他の大会とは違って声援がものすごいし、こんな注目される大会だとは、正直走ってみるまで分かりませんでした。とにかく、すごい。それだけです。こればっかりは、走ってみないと分かりません」

翌年は渡辺が1区、花田が2区、武井4区、櫛部9区という布陣で連覇を狙ったが2区で山梨学院に逆転を許し、そのまま逃げ切られてしまった。

この年の大会について取材をすると、渡辺を1区に起用するなど、早大の戦略ミスが敗因ではないかと分析する指導者が多かった。渡辺を2区で使い、マヤカと真っ向勝負した方がチームとして戦えたはずという意見がもっぱらだ。

確かに1区は他のランナーとの駆け引きが発生してしまい、思ったようなレースに持ち込めない場合がある。事実、渡辺は山梨学院の1区のランナーに27秒しか差をつけられなかった。他の区間を走っていればこんなことにはならなかっただろう。

渡辺は2年生の時に2区を走れなかった悔しさをぶつけるようにして、3年生の時には2区で1時間06分48秒という区間新記録、4年の時にも1時間06分54秒をマークして首位に立っている。しかし3年生の時には山梨学院、4年の時には中大に敗れて総合優勝はならなかった。

「4年生の時に優勝したかったです。残念です。往路で優勝して、そのまま逃げ切りたかった。今でもそう思います」

渡辺は早大時代からトラックでも抜群の成績を残し、1万メートルでは早稲田の先輩である瀬古利彦（日本陸上競技連盟理事）の持っていた学生記録を17年ぶりに更新、ユニバーシアードの1万メートルで金メダルを獲得した。まさに日本に登場した久しぶりの大器だった。

早大卒業後はエスビー食品に入社、1996年のアトランタ・オリンピックの1万メートル代表に選ばれたが、故障のためにオリンピックの大舞台を走ることはかなわなかった。

以後、期待は大きかったがアキレス腱のケガに悩まされ、2002年に引退を余儀なくされる。

どん底だった早稲田の駅伝

渡辺が早稲田の駅伝監督を引き受けたのは2004年のことである。渡辺が1996年に卒業した後の早稲田はなかなか優勝争いに絡むことができない状況が続いた。ちょうど神奈川大や駒澤大が強化に本腰を入れ、強豪校へと成長していった時期と重なる。早稲田は新しい流れから取り残され、2002年には3位に入ったものの、2003年には15位、渡辺が就任する直前の2004年には16位と優勝争いどころか、シード権の確保もままならない状況だった。

どん底であえいでいる時に、かつての早稲田のエースに監督就任の要請があった。引き受けるにしても辛い時期だとは当の渡辺が一番理解していた。

「正直なところ、沈むところまで沈んでましたよね。16位、15位が続くほどの低迷は早稲田にとっては許されないことでしたから。ただ、監督を引き受けられる人もいなかったんです。こういうことはタイミング、運、縁も関係してくることですから、よし、自分がやろうと腹をくくりました」

渡辺が早稲田の監督になった。誰もがすぐに結果を残すことを期待した。しかしそうは問屋が卸さなかった。当時の部内のムードには厳しいものがあった。

「指導し始めてみて、ああ、低迷しているって、こんな感じなんだなという雰囲気でした。今風の言葉を使えば、『イケてなかった』。でも、腐ってるんじゃないんです。みんなものすごく頑張っているんだけど、頑張らなきゃというオーラがマイナスに働いていた。1年目はそれを立て直すところまで行きませんでした」

初采配となった2005年は11位とあと一歩のところでシード権に届かず、これが翌年の結果に響いてくる。

2005年の4月には竹澤健介が入学して浮上が期待され、予選会では2位通過。この成績をもってすればシード権確保は間違いないと思われていた。翌2006年の箱根では往路を9位で折り返し、10区に中継していた時点では9位とシード圏内をキープしていたが、10区で痛恨のブレーキに見舞われ、あえなく13位へ。これで4年連続のシード落ちとなり、渡辺は期待にこたえることができなかった。

「2年間やってみて、箱根は甘くないというのが率直な感想でした。俺に指導させてくれればもっと簡単に強くできると考えていた部分があったんですが、見事なまでに吹き飛ばされました」

後ろ盾になってくれていた先輩の瀬古利彦にも、こんなことを言われてしまった。

「このままじゃ、俺でも守りきれなくなるよ」

背筋が寒くなるような話である。当時を振り返って、渡辺は指導者としての経験が未熟だったと素直に認める。

「もっと謙虚にならないといけなかったですね。選手と監督は百八十度違うということを身をもって感じるような状態でしたし、まだまだ未熟でした。そこから選手と一緒に成長していったというのが本当のところです」

ようやく指導の成果が目に見え始めたのは、3年目のシーズンになってからである。2007年の大会では、竹澤が花の2区で区間賞を獲得する走りを見せて3位に浮上。3区を走った主将の藤森憲秀（長野・佐久長聖高）が順位を2位に引き上げ、往路は4位でゴール。復路は厳しい走りが続いたが、なんとかタスキをつないで6位。5年ぶりにシード権を確保した。

「疲れましたね。頑張れば2位になるチャンスもありましたが、13位の可能性もあった。6位は悪くない結果だと思います」

浮上のキッカケとなったもの

この6位という結果があり、２００８年は5区・駒野の快走による往路優勝、そして総合2位という久々にファンを喜ばせる走りにつながっていくわけだ。この躍進は「点」ではなく、渡辺が監督に就任してからの「線」で見ていく必要がある。

1年目の「イケてない状態」から、3年目に結果が上向きになっていった理由は何だったのか。渡辺は人材の獲得をあげた。

「早稲田の場合、選手を獲得できる枠が限られているんです。特別推薦枠で入学できる選手は、1学年3人までと決まっています。他にも学部の推薦枠などもありますが、好きなだけ選手を獲ることはできません。こんなことをいうと、そんなことはないだろうと他の学校の先生に怒られそうですが（笑）。枠が限られていることのプラス面としては、入学してくる選手が決まってしまえば、リクルーティングのために全国行脚をする必要がなくなるので、現場での指導に集中できるようになるメリットがあります。私としては強いだけじゃなく、前向きな選手が欲しいんです。常に上を向いて、日本を代表して戦う、そのために早稲田に入るんだとポジティブに捉えられる選手がいいですね。名監督と呼ばれる人は、指導力だけではなくて、選手の獲得がうまいんですよ。実績のある選手がある程度いないと今の箱根で結果を残すのは難しい。最近では明治や青山学院も有力選手に積極的にアプローチしていますし、獲得競争が激しくなっているのは間違いありません。それに高校生の間では情報交換が盛んなので気が抜けないんですよ。例えば『早稲田から勧誘が来た』みたいなことがメールですぐに流れる。だから誰のところに一番早く勧誘がいったか分かるんです。情報は筒抜けと思った方がいいです」

現場、リクルーティングなど駅伝にたずさわる監督の仕事は多岐にわたる。ひとりでこなすのは絶対に無理なのだ。最低でも2人、できれば3人くらいのスタッフがいて、現場担当、選手のリクルーティング担当といったように役割分担しないと勝てない状況になっている。その意味では部の運営面だけではなく、学校側の協力をどれほど得られるのか、マネジメント面での総力戦の様相を呈している。

渡辺が、リクルーティング面での進歩が成績向上につながったと話すように、早稲田が低迷していた原因は、一つに人材獲得競争で後れをとったことである。もともと早稲田は「大砲」で勝つチームだった。瀬古利彦以来、金井豊（故人）、坂口泰（現・中国電力監督）、櫛部静二（現・城西大学監督）、花田勝彦（現・上武大学監督）、そして大迫傑といった、全国的にみて各学年のエースクラスのランナーが早稲田の門をたたき、チーム力を引き上げていった。彼らの圧倒的な力でリードを広げ、つなぎの選手がきちんと仕事をして優勝を勝ち取るというのが早稲田の一つのパターンである。

しかし1990年代中盤からは各校が入り乱れての群雄割拠の時代に突入する。その中で早稲田は大砲を獲得することができなくなっていった。これは指導者の問題ではなく、学校全体がどれだけリクルーティングをバックアップするかという問題が根っこにあった。推薦枠、奨学金の有無といった経営面でのことが関わってくるため、その点で早稲田は後れをとってしまったのだ。もともと早稲田では高校生の逆指名に頼った「待ち」のリクルーティングが代々続いていて、他校からは「殿様商売」と揶揄《やゆ》される始末だった。

しかし渡辺が指導にあたるようになって状況は変わった。大学が創立125周年を前に推薦枠を拡大したことも大きかったし、そこに「渡辺康幸」という看板が加わっ

1996年の第72回大会2区、7人抜きの快走で区間新記録を達成した

た。華のある選手だっただけに高校生に対するアピール力は抜群である。

その中で早稲田を変えた選手が現れたのが竹澤だった。しかし渡辺は最初、推薦枠を竹澤には差し出さなかった。

「本当のことをいうと、竹澤は待っててくれたんです。彼は高校2年生の時くらいから早稲田を志望してくれていたんですが、私は同学年では佐藤悠基（長野・佐久長聖高→東海大→現・日清食品グループ）と佐藤秀和（仙台育英高→順天堂大）のふたりをまず狙っていて、残念ながら他の学校に奪われてしまった。そこで最後の枠にポーンと入ってきてくれたのが竹澤でした」

竹澤の入学後の活躍は目ざましかった。2年生の時には2区で区間賞を獲得しているし、3年生では世界選手権代表、4年になって北京オリンピックを走った。しかし渡辺自身も竹澤がここまで「化ける」とは想像もしていなかったようだ。

「竹澤と出会ったことに関しては、運とか縁とかを本当に感じます。正直、高校時代はノーマークと言ってもよかった。私としては当たりくじが残っていた感じで、その意味では早稲田の歴史を変えてくれた選手なんです、竹澤は」

そのほかにも早稲田実業、あるいは早大高等学院からの内部進学者が戦力を支えているのも見逃せない。特に2010年に8区を走った北爪貴志は早実の出身で、貴重な走りを見せた。

「早稲田はもともと層が薄いので、付属校の強化がこれからますます重要になると思います。一度低迷してしまうと立て直すのに時間がかかるので、早実あたりから安定的に選手が入ってくると大きいです」

手に入れたことがないものを手にして、選手は自信を持つ

3年目にどうにか6位に入ったことで、部内に漂っていた負のオーラは払拭された。部内の空気は好転していった。

「2年目は竹澤が入ってきて期待されてましたけど、チームの軸になる上級生を育て切れなかったというのが反省点でした。やっぱり箱根は経験豊富な上級生、特に4年生がいると強いんですよ。その点、3年目は4年生がいい走りを見せてくれたんです。3区の藤森、9区の河野隼人（愛知・中京大中京高）、10区の宮城普邦（沖縄・沖縄尚学高）の3人がいい走りを見せて、これがきいてるんですよ。彼らの頑張りも

あって6位に入り、これまで確保できなかったシード権を手に入れたことで、後輩たちは自信を持ち始めました。周りから見れば些細なことでも、手に入れたことがないものを手にした選手たちは自信を持つんです。それが2008年の結果につながりましたよね」

2008年は竹澤がケガの影響で2区を走れないという緊急事態に陥ったが3区で起用してしのぎ、5区・駒野の快走につながる。しかし渡辺にとって駒野の走りは意外でもなんでもなかった。

「駒野は1年から山を登ってますし、本当のことをいえば、2007年、順天堂の今井君（正人・現・トヨタ自動車九州）が『山の神』といわれた走りを見せた時に、駒野も同じような力を出せた可能性がありました。でも駒野も自信を持って走っていなかったし、区間8位止まりでした。ところが自信を持つと全然違う。それが山でトップに立って、往路優勝につながる走りになったんです」

選手にも自信がつき、渡辺の指導にも余裕が出てきたということだろう。

現在の指導方法は練習の細部まできっちり決めて指導するというよりも、大枠を設定してその中で選手に選択させるという方法をとっている。

「雰囲気を大事にしたいんですよ。監督になりたての時期、チームが負の遺産を背負って苦労していたのを見たので、自分たちで強くしていこうという雰囲気作りの手伝いができればいいかなと。締めつけるのは僕のキャラには合いませんし、今は僕が枠を決めて、その中で選手が選んでいくという役割分担がうまくいっていると思います。そうしたスタイルが可能なのも、まだ選手と年齢が近いからだと思うんです。当然、そのことで話しやすいとか、プラスの部分もあれば、自分に未熟な部分もたくさんある。監督になってから失敗して、学生に勉強させてもらった気がしています」

青年監督の箱根攻略

渡辺は、早稲田が勝つパターンというのは、他校に対し、チーム力全体が上回った場合では決してないと話す。

「駒大を見ていると、本当の意味での『チーム力』とは何か考えさせられます。駒大は本当に強いですよ。10人の力を足し上げていっても、早稲田は勝負できない。やはり竹澤や大迫のような『飛車角』クラスの選手がいてこそ、勝負に持ち込める」

それでも駅伝が難しいのは、飛車角がいても必ずしも勝てるわけではないことだ。それは渡辺の現役時代が証明している。つなぎ区間をどうしのぐか、さらには歴史的に早稲田が苦手としてきた5区と6区をどう攻略するのか。この特殊区間の選手起用は、渡辺が最も苦心してきた部分である。

1980年代に早大の競走部で箱根駅伝を走り、瀬古からタスキを受けた経験を持つ作家の黒木亮氏は、著書『冬の喝采』（講談社）の中で、当時の中村清監督が山下りの選手起用で判断を誤ったエピソードを紹介している。本当は登り向きの選手なのに、6区で起用してしまい、その選手が走り出してからは後の祭り。ユーモア満載の箇所を引用してみる。

「下り始めても全然スピードが上がんなくて、伴走車から『寺内、そろそろ上げていきなさい。これ以上上がらないと思ったら、手を挙げなさい』といわれたんで、手を挙げたら、『馬鹿者ー！』ですからね」

気の毒だと思ったが、思わず笑ってしまった。

中村監督はその後もマイクで「この下手くそ！　お前がこんなに下りが下手くそと

は思わんかった!」と怒り続け、挙げ句の果てに、「早稲田頑張れー!」と沿道で応援している人たちに向って「こんな下手くそに応援せんでいい!」とマイクで怒鳴ったそうである。

「それで走り終わってから『なんで下りが苦手だと、わしにいわなかったんだ⁉』ですからねえ」

ちなみにこの寺内正彦選手は、瀬古と共に中村に対して「下りはダメです」とあらかじめ申告していたのである。とんでもないことになってしまったが、指導者として早稲田の優勝には必ず絡んできた中村清にしても、登りと下りの見極めは難しかったようである。

早稲田の山の攻略の歴史を振り返ってみても、山登りの名人だった金哲彦(1983年から1986年まで5区を担当。区間順位は2位→2位→1位→1位)はまったくの別格として、早稲田には箱根の山を攻略する具体的なノウハウやデータが不足していたと思われる。

早稲田にとって山はまさに「鬼門」だった。

しかし渡辺はこの難題を２００８年に克服する。５区の駒野だけでなく、６区の加藤創大（愛知・愛知高）が59分15秒のタイムで区間賞を獲得し、２位の駒澤との差を広げたのだ。早稲田にとって５区と６区で区間賞を獲ったのは画期的なことであり、渡辺もこの結果には自信を持った。

「それは意識しています。箱根では優勝を狙える時に勝っておかないと、将来に影響を残してしまいますから」

部とは「生きもの」である。勝てる機会に勝たなければ、沈んでしまいかねない。反対に一度勝つと集団には誇りが生まれ、上位を保とうとする力学が働く。それを見た高校生がその集団にあこがれ、安定した力が生まれていく。優勝を狙える時に勝っておかないと……という言葉には渡辺の大学生活での実感がこもっていた。

「勝てる時に勝っておかないと、どんどん沈んでしまうんです。そこから這い上がってくるのは難しい。早稲田だって落ちるところまで落ちたわけですし、いろいろなノウハウやＯＢ会の組織がしっかりしている伝統校でさえこうしたことが起きるわけですから、まだ優勝を経験していないチームなんかは、優勝するチャンスがある時には確実にモノにしていかないと歴史は変わらないと思います」

「日の丸をつけて戦う選手を育てること。それが早稲田の使命です」

ここで駅伝に関する視野を、少し広くとってみよう。

現在、駅伝では外国人選手の扱いが問題になっている。全国高校駅伝では2008年から外国人選手を最長区間である「花の1区」で起用することが禁止された。また元日に行われるニューイヤー駅伝こと全日本実業団対抗駅伝競走大会では外国人選手は各チームひとりしか起用できず、しかも2区と5区の重要区間で走ることができない。

外国人選手の圧倒的な力を見せつけられ、勝負の興趣を削ぐといった商業的な要請と、重要区間を日本人が走らないようでは長距離の強化につながらないという理由から外国人選手を規制する動きが強まっている。

しかし渡辺は現役時代、山梨学院のマヤカと激しい争いを繰り広げた。それが大いにプラスに働いたと話すのだ。

「マヤカとは勝ったり負けたり……。自分を大きく成長させてくれたのはマヤカの存在が大きかったと思います。というのも本当のライバルだと思ってましたから。竹澤とモグスも同じような関係にあったと思いますが、例えばマラソンで2時間3分台で走ったゲブレセラシエに追いつこうと思っても、それは今の段階では日本人選手にとって現実的なことではないんです。でも、山梨学院のランナーたち、マヤカ、モグスはいいライバルで、しかも彼らに勝つことが世界につながる道なんです。だから山梨学院が日本の長距離界に与えた影響はすごく大きい」

渡辺は世界を目指したランナーだ。だからこそ、世界と戦うことの難しさを知っている。箱根を経験した中でも世界の一流ランナーと競う力を持っている選手は、ごく一部だ。

「僕自身は現役時代、世界に通用する力はあったと思うのですが、精神的な弱さと故障が問題でした。ここ2〜3年の大学生には、世界と戦える選手がかなりいると思います。大迫はじめ、箱根で活躍した選手たちが日本を代表するランナーに育っていってほしい。そのためには大学の指導者が、箱根やトラックで選手を育てて、実業団に送る仕組みをきっちり作らないといけない」

その一方で、箱根がゴールになってしまい、日本の長距離界の発展を結果的にさまたげているのでは……その質問に対する回答も明快だった。

「箱根に出場したからといって、即オリンピックを目指すというのは無茶なんです。誰しもオリンピックには出たいと思う。でも現実的には世界と戦える選手は限られている。多くの選手にとってオリンピックは夢であって、目標にはなりえない。指導者になってから身にしみて感じたのは、それぞれの選手に夢と目標の違いをしっかりと認識させることでした。現実に達成可能な目標を定めること。ただ、それが低すぎては自分の能力を引き出せなくなってしまう。だからオリンピックを目指して練習に励む選手もいれば、4年間かけて5000メートルで14分30秒を目指したり、1万メートルで30分を切ることが目標の選手がいていいんです」

選手に期待するだけでなく、青年監督である渡辺の志もまた高い。まずは駅伝での優勝が求められるだろう。

「出雲、全日本、箱根でしっかりと実績を作って、早稲田が率先して駅伝、長距離界をリードしていくようになれればと思ってます。僕はまだ挑戦者の立場にいますから、年齢だとか、名将だとか、もうそんなのは関係ない（笑）。やることは一緒で、結果が求められているだけですから。ただ、指導者を取り巻く環境は厳しくなっていると思います。正直、自分に限らず、割に合わない部分を感じている人はいると思います。僕の場合は全部、プラス思考。自分で好きなことをやらせてもらって、申し訳ないと思うほどです」

渡辺の言葉には勢いがある。そして最終的には、自分がどれだけ世界に通じる選手を育てていけるか――それが評価の対象になることを重々承知している。

「監督になった以上は大迫が卒業した後も、日本代表クラスの選手を育てていくことが使命だと思っています。最終的には駅伝の勝ち負けにこだわってこぢんまりしていては早稲田はダメだと思う。インターハイで実績を残した選手が早稲田を選んで入ってきてくれたら、そこからは日の丸をつけて走る選手を育てること、それが早稲田の競走部の伝統だと思っています」

渡辺と大迫は二人三脚でロンドン・オリンピック出場を狙ったが、あと一歩のところで代表の座を逃した。しかし2013年8月、モスクワの世界陸上選手権では大迫が代表に選ばれ、一万メートルでは中盤まで健闘を見せて、21位に入った。再び早稲田が世界と戦う時がやってきたのである。

早稲田大学

過去の箱根駅伝成績

回	年	総合	往路	復路
1	20年	3位	3位	2位
2	21年	3位	優勝	3位
3	22年	優勝	2位	優勝
4	23年	優勝	2位	優勝
5	24年	3位	3位	2位
6	25年	2位	4位	2位
7	26年	出場せず		
8	27年	優勝	優勝	優勝
9	28年	2位	2位	優勝
10	29年	2位	優勝	2位
11	30年	優勝	2位	優勝
12	31年	優勝	2位	優勝
13	32年	3位	3位	優勝
14	33年	優勝	優勝	優勝
15	34年	優勝	優勝	2位
16	35年	2位	2位	3位
17	36年	2位	2位	2位
18	37年	2位	3位	2位
19	38年	出場せず		
20	39年	出場せず		
21	40年	出場せず		
22	43年	7位	6位	8位
23	47年	4位	4位	4位
24	48年	7位	9位	2位
25	49年	2位	2位	2位
26	50年	2位	2位	2位
27	51年	3位	5位	2位
28	52年	優勝	2位	優勝
29	53年	2位	2位	2位
30	54年	優勝	優勝	優勝

回	年	総合	往路	復路
31	55年	3位	6位	4位
32	56年	6位	7位	3位
33	57年	5位	8位	優勝
34	58年	6位	7位	6位
35	59年	6位	4位	7位
36	60年	5位	6位	5位
37	61年	7位	9位	8位
38	62年	12位	14位	11位
39	63年	10位	7位	11位
40	64年	7位	10位	5位
41	65年	6位	9位	6位
42	66年	7位	8位	7位
43	67年	10位	10位	10位
44	68年	10位	11位	9位
45	69年	14位	14位	4位
46	70年	出場せず		
47	71年	13位	11位	13位
48	72年	出場せず		
49	73年	15位	13位	15位
50	74年	16位	17位	16位
51	75年	15位	14位	15位
52	76年	出場せず		
53	77年	13位	11位	13位
54	78年	6位	5位	6位
55	79年	4位	2位	5位
56	80年	3位	2位	4位
57	81年	5位	6位	5位
58	82年	5位	7位	優勝
59	83年	2位	2位	優勝
60	84年	優勝	優勝	優勝

回	年	総合	往路	復路
61	85年	優勝	優勝	2位
62	86年	2位	優勝	9位
63	87年	8位	6位	10位
64	88年	9位	5位	14位
65	89年	10位	10位	11位
66	90年	9位	5位	12位
67	91年	11位	10位	12位
68	92年	6位	2位	9位
69	93年	優勝	優勝	優勝
70	94年	2位	2位	2位
71	95年	2位	優勝	6位
72	96年	2位	優勝	5位
73	97年	5位	4位	5位
74	98年	6位	3位	10位
75	99年	10位	7位	13位
76	00年	6位	8位	5位
77	01年	10位	11位	5位
78	02年	3位	4位	2位
79	03年	15位	10位	16位
80	04年	16位	15位	16位
81	05年	11位	15位	8位
82	06年	13位	9位	15位
83	07年	6位	4位	10位
84	08年	2位	優勝	3位
85	09年	2位	2位	2位
86	10年	7位	7位	10位
87	11年	優勝	2位	優勝
88	12年	4位	2位	4位
89	13年	5位	2位	8位

第3章

酒井俊幸

「無形の力」を生み出すチーム作りとは？

東洋大学
陸上競技部　監督

PROFILE　さかい・としゆき　1976年福島県生まれ。東洋大学時代、箱根駅伝には3回出場し、4年生時にはキャプテンを務めた。卒業後はコニカミノルタで競技を続け、全日本実業団駅伝3連覇のメンバーとして貢献。2005年より母校の福島・学法石川高校で教員となる。'09年に母校東洋大の監督に就任し、優勝2回、準優勝2回と優れた結果を残している。'11年に早稲田大に21秒差で敗れた翌年の「その一秒をけずり出せ」というスローガンは有名。

青年監督が名門を築く

箱根駅伝で2009年に初優勝を遂げて以来、東洋大学の人気は確固たるものとなった。出雲や全日本でも、同窓生が応援にかけつける様子が見られ、「駅伝」というものを軸として東洋大のブランドが浸透してきているのが実感できる。

初優勝の時は監督が不在の状態だったが、2009年の春から卒業生の酒井俊幸が監督に就任し、安定した成績を残すようになった。

酒井は福島県の学法石川高校の出身。1995年に東洋大に入学し、1年生の時は3区を走って区間11位、2年生では7区で区間12位、3年生になって1区を任されて区間13位の記録を残している。4年生になってからは主将に任命されたが、箱根を前にしてケガで走ることは断念、しかしチームは9位に入ってシード権を獲得している。

1999年に卒業後はコニカ（現・コニカミノルタ）に入社、正月に行われるニューイヤー駅伝では優勝も経験した。そして2005年にコニカミノルタを退社して母校である学法石川高の社会科の教員となり、陸上部の顧問として指導に当たった。教員となって4年目に東洋大からの誘いを受けたわけで、高校での指導が中途半端になってしまうという懸念もあったが、高いレベルで指導したいという希望がまさった。最終的には妻の後押しもあって、東洋大の監督を引き受けることになったのである。

「私が面倒を見ます、といって高校に勧誘した選手もいたので、本当に申し訳ない気持ちでした。そういう事情もあって、最初はお断りしたんです。せめて後任が決まらなければ引き受けられないと。その後、引き継ぎがうまくいき、前に進むことができました。東洋大はちょうど箱根で初優勝した時期でもあり、成功した組織を受け継ぐことになりました。まずはそれまであった土俵に自分が上がってみようと。夏合宿あたりまでは、それまでのメニューに沿った形で練習を進めていました。そこからようやく変えても構わない部分と、変えてはいけない部分を仕分けしていく感じでしたね」

高校では長距離だけでなく、あらゆる種目の選手たちを指導していたが、大学生を相手にするようになってからは選手のレベルがグンと上がった。そこに指導の醍醐味がある。

「東洋大では長距離と競歩ブロックを担当していますが、あくまで大学は教育の場であることを忘れないように心がけてます。その意味では、高校の指導に通じる部分がありますね。東洋大の場合、高校と大きく違うのは、日の丸をつけて世界選手権やオリンピックで戦う選手たちを指導しなければいけないということです。当然、やりがいはそこにあるし、実際にロンドン・オリンピックでは競歩ブロックの西塔（拓己）が出場しました」

西塔がロンドンで「歩く」にあたって感じたことは、「考動」できる選手を育成することの必要性だった。

「大学生は考えて行動して、競技会に出るという部分が大きくなるんです。そこに高校生と大学生を指導する違いがあるかもしれませんね。高校の部活の場合、放課後はほとんど全員一緒に活動して、教員の目が届く範囲での指導になります。かなりの部分、選手を導くという感じです。大学生以上になって競技レベルも上がってくると、自分で判断できる選手じゃないと勝負になりません。オリンピックという世界から注目を集める舞台では、コーチがレースの直前まで選手の傍にいるわけにはいかないんです。実際、大学生をまとまって指導できる時間は限られています。全員が集まることが可能なのは、毎朝の朝練習と日曜日しかありません。東洋大の場合、全学で11学部もありますし、選手が必修科目を取っていると平日の同じ時間に集まって練習するということが不可能なんです。監督の目が届かない分、選手の自主性が成長できるかのカギになります」

平日の選手の行動はバラバラとはいっても、通学を練習の一環としてうまく活用することも可能だという。東洋大の合宿所は理工学部のキャンパスがある埼玉県の川越にあり、東武東上線を利用して池袋に出て、ＪＲ山手線で巣鴨へ。そこから選手は20分ほど歩いて白山にあるキャンパスに到着する。大人だったら、巣鴨から白山まではふつう、都営三田線を利用するが選手たちは歩く。「学生はお金がありませんから」と酒井は話すが、ここでウォーキングをすることで心拍数を高めたりすることも可能なのである。

「どんな時間であっても、自分にとってプラスに変えられる選手は強くなります」と酒井は話す。こうした酒井の発想が浸透しているからこそ、いま、東洋大は強豪校へと成長したのである。

チーム作りの極意とは？

2013年、東洋大は1年生から活躍してきた設楽啓太・悠太（埼玉・武蔵越生高）の双子の兄弟が4年生を迎え、トラック、ハーフマラソンで順調に成長してきた。酒井の役割は彼らが卒業し、実業団で走るようになってからの土台を作る意味合いもある。

「設楽兄弟だけでなく、柏原に関しても卒業してから国際舞台で活躍できるようにしっかりとした土台を作る責任がありました。設楽に関していえば、1万メートルで27分台をコンスタントに出せるようになってほしいですし、まだまだ成長できる要素があります。彼らには2016年のリオデジャネイロ・オリンピックだけでなく、2020年の東京オリンピックを目指して力を伸ばしてほしいです」

エリートの育成にも力を入れる一方で、トラック、駅伝の強化を進めていくのが現在の酒井の仕事である。酒井が監督になってからの東洋大の特徴は、成績が極めて安定していることだ。箱根ばかりか学生三大駅伝に枠を広げてみても、出雲では3位↓

4位→優勝→2位、全日本では2位→3位→2位→2位の好成績。箱根では優勝→2位→優勝→2位という結果で、4位以下になったことは2010年の出雲しかない。

走る距離が短く、スピードが求められる出雲、箱根に向けての試運転の意味合いもありながら、部の総合力が試される全日本、そしてハーフマラソンに対応できる10人の底力が試される箱根。3つの特色が違う駅伝で、常に上位争いを繰り広げているのは、部の基盤がしっかりしていることを示している。

「基本は練習メニューの捉え方です。1年目と現在の練習メニューはちょっとずつ違います。学生に合ったメニューを作っていくことが大事で、『去年はこうだったから』というのは通用しないでしょう。1000mを10本走るにしても、気象条件や一緒に走るメンバーによって意味合いは違ってきます。それをどのように考えて、自分の力に結びつけることができるのか。選手にはそうした力が求められますね」

東洋大が安定した力を発揮しているのは、リクルーティングが安定していることも大きい。2012～2013年のシーズンは、出雲、全日本、箱根と準優勝に終わり、酒井監督は「全部、2位なんて珍しいですよ」と苦笑いしたが、見方を変えれば、距離の短いスピードレースに対応しつつ、20キロを超える距離に対しても、十分な選手層を擁しているともいえる。長期間にわたって上位で争っていくためには、中長期的なチーム作りの視点が欠かせない。

「まずは1年生から通用するような、チームの『核』となれる選手を勧誘していきます。チームとしていちばんいい環境は、箱根で10時間51分台のタイムをマークした2012年のチームを見ればわかります。このときはチームの核として柏原がいて、2学年下に設楽兄弟がいた。設楽たちは柏原の存在に刺激を受け、柏原も下級生の実力者がいることでより高い目標を立てることができたと思うんです。芯となる上級生がいて、下級生のエース級の選手が『飛車角』となって暴れてくれるのが理想です」

柏原が卒業した後は、設楽兄弟がトラックやハーフマラソンで活躍し、それを見ながら下級生の服部兄弟(勇馬・宮城・仙台育英高、弾馬・愛知・豊川高)や2013年に1区で区間賞を取った田口雅也(宮崎・日章学園高)などが刺激を受ける構図となっている。いい流れで東洋大はチームの「核」となる選手の育成、循環が行われている。目標になる選手が在学していれば、その選手に憧れてまた強い選手が入ってくるようになるからだ。

酒井の発想で興味深いのは、核となれる選手がひとりだけでは、チーム自体が成長しないし、結果的にエース級の選手の成長にも影響が出てしまいかねない——という指摘だ。

「圧倒的な力を持つ選手がひとりだと、まずは周りの選手が彼に頼ってしまいがちになります。そのうち、チームとしてなかなか結果が出ないと、エースの心が持たなくなってくる。そうすると、やっぱり学生ですからいくら力があったとしても、精神的な成長は追いついていないこともありますから、『いつも俺ばっかり頑張ってる』と思いかねない。そう思ってしまうと、停滞は避けられないです」

せっかくいい素材を獲得したとしても、チーム全体のレベルがアップしなければ、素質の高い選手の能力を活かすことができないのだ。能力の高い選手を預かった以上、監督にはさらに上のレベルで活躍できるように育てる「責任」も発生するが、選手とはいってもまだ学生、必ずしも順調に育っていくわけではない。

「いくら強いランナーとはいっても、学生ですから脆《もろ》い面もあります。ちょっとしたことで、すぐにメンタル的に壊れてしまうことだってあり得ます。監督として感じるのは、壊れてしまってからでは、作り直すのはとても時間がかかるということ。だから、壊れそうなサインが出たら、早めに対処することが必要です。脆い、という言葉を使いましたが、実際は長距離の選手というのは早寝早起きをして、黙々と走らない限り大学のレベルまで到達しません。つまり、真面目だということです。真面目すぎて壊れる場合もありますから、どこかでストップをかける必要があるんです」

壊れそうになってしまった場合、監督の力も重要ではあるが、大切になってくるのは仲間の力だという。

陸上は個人競技である。最終的には自分の力に頼るしかない。しかし、レースで最終的に力を発揮するためには、一緒にトレーニングを積む仲間の助けが必要なのだという。

「チームとしていい雰囲気を作るというのは、とても重要なことです。そんな、仲間の力なんて抽象的なものはアテにならないという人もいるでしょうが、私はチームの『無形の力』は重要だと思っています。たとえば、柏原たちの学年は1年目に柏原がどーんと目立ったわけですが、学年が進むにつれて、田中（貴章・現・NTN）、山本（憲二・現・マツダ）といった脇役の選手がどんどん強くなっていったんです。柏原は3年生になってから不調で苦しみましたが、ちょうどその年には田中や山本がグンと実力を伸ばしてきて、区間賞を取ったりしたんです。柏原からすれば『アイツらに助けてもらってる』という感謝の気持ちを抱いたはずです。彼らが3年生の時の箱根は早稲田に負けましたが、一方で、お互いが支え合っているんだと確認できたことは大きな財産になったんじゃないでしょうか」

この学年のミーティングでは、傍で聞いていてこそばゆい言葉も飛び交っていたという。「今度、お前が苦しい時は、俺がなんとかするから」とか、文字にしてしまうと途端に力を失ってしまうような言葉が、学生たちの間では熱を持って交換されていた。柏原たちは、試合で助け合える仲間となっていた。

「4年生の終盤になって、彼らは本気でそう思っていたでしょう。たとえ柏原がいなくても、なんとかしようとする学生たちでした」

この学年で最後の箱根を走ったメンバーは4人。1区の宇野博之（現・ホンダ）は早大の大迫傑の飛び出しに上手く対応して区間4位。3区の山本が区間2位でつなぎ、5区山登りを担当した柏原が自分が持っていた区間記録を上回った。復路の9区では、故障明けの田中が区間6位と決して納得のいく走りが出来ず、走り終わって泣いていたのが印象的だった。同級生だけでなく、後輩たちが素晴らしい走りを披露するなかで、優勝しても悔し涙を見せていたのは、東洋大の強さの象徴だったかもしれない。

レースでも、部内の運営面でもたくましさを見せた「柏原組」だったが、日常生活を見る限り、決してまとまっている感じはなかったというから意外だ。

「彼らはいつも一緒にいたわけではありませんね。昼間、大学に行っても、昼ごはんはクラスの友だちと食べたり、見方によってはバラバラでした。それは、自分のプライベートな時間まで、一緒に過ごす必要はないという彼らの考え方、スタンスだったと思います。部員同士で群れたり、慣れ合いになるようなことはないと感じて、それよりも大事なところで集まるようにしていたと思います。選手として大事なのは、自分だけでなく、周りの選手たちの調子が悪い時にどう対応するかということ。どんな選手にだって調子のいい時と悪い時があって、だいたい調子が落ちた時に『人間性』が出てしまうものなんです。自己中心的になって、周りに悪影響を及ぼしかねない。周りに気をつかう余裕がなくなってしまいますからね。そんな負の時間、影の時間に、仲間から応援してもらえる選手になれるかどうか——それが重要なんです。状態が上がってこない時に、周りのせいにすることなく、自分で受け入れることができるか。苦しくても、周りのアドバイスや励ましを素直に聞けて、コツコツと練習に励めるかどうか。柏原の学年は、各々が４年という時間をかけて堅実に成長していった気がします」

人材獲得をするための視点とは？

柏原の学年に関していえば、酒井が監督に就任する前に入学してきた選手たちであり、勧誘には関わってはいない。酒井は預かった選手たちを見守りながら戦力として育てていったのだ。

もちろん、監督になってからは全国を舞台に高校生のリクルーティングの旅に出ている。預かった選手たちが東洋大に入学してから順調に成長しているならば、その高校の後輩が東洋大に入学してくる確率も高くなる。東洋大を選んでくれた選手たちをしっかりと育てることは将来の強さへの礎ともなる。

そして選手の能力自体も全体的に向上している。かつては５０００メートルを14分台で走れれば有力校が目に留めていたが、２０１３年春に入学してきた選手たちをみると、13分53秒95の石川颯真（栃木・佐野日大高→日大）、平和真（愛知・豊川工高

2012年の第88回大会では、往路・復路ともに1位の完全優勝。10時間51分36秒という大会新記録を出した。胴上げされる酒井監督

↓早大)、東洋大の服部弾馬の3人が13分台をマークしているのを筆頭に、14分59秒81とギリギリ15分を切った村田誠児(香川・観音寺一高↓日大)まで、実に282人もの選手たちが14分台で走っている。4年という期間で考えれば、5000メートルを14分台で走る選手が1000人を超えているのだ! 箱根駅伝を走る選手は、20校が出場するとしてちょうど200人。いくら高校時代にスピードをつけていたとしても、それだけでは箱根を走ることはできない時代なのである。

大学の指導者の立場からすれば、スピードのある選手は多くなったけれど、5000メートルのタイムが必ずしも本来持っている力の指標とはいえなくなってきているという見方も出てきた。

「以前は地域ごとにバラつきがありました。九州は昔からレベルが高く、14分台で走る選手は珍しくありませんでした。素質のある選手が陸上を選び、先生方が力を伸ばす仕組みが出来ていたのだと思います。反対に私が育った地域でもある東北の子たちは、冬はシューズが滑ってしまって外は走れません。どうしても、冬の間にトレーニングが不足してしまうので、それが力の差に表れていたんじゃないでしょうか。でも、最近は記録会自体の質が上がってきて、東北の選手たちも積極的にいろいろな大会に出ているのでタイムは上がっています。５０００メートルで15分を切ってきた選手が増えたのは、東北の選手が増えたということが関係しているかもしれません。タイムという面では、かなり格差は縮まっています」

記録会では、高校生だけではなく大学生も一緒に走る。年長のしっかりと練習を積んだ大学生に引っ張ってもらう形で、前半から高校生も飛ばしていく。「ついていく」ということで自分はオーバーペースではないかという疑問、すなわち「メンタル・ブロック」を取り払って走っていく。楽に引っ張ってもらい、ラストをうまくまとめると15分を切るタイムをマークしていたりする。

つまり、大学の監督たちはタイムの「中身」を吟味する必要性があるのだ。

「14分30秒台で走った。十分にスピードはある——。それが本来の力かというと、そうともいい切れません。やはり周りに引っ張ってもらって出たタイムかもしれない。最近ではトレーニング理論や、体の動かし方などメカニックの面の知識が広く知られるようになって、高校生でもかなりレベルの高い練習をしています。昔とは比較にならないほど、環境が整っているんです。最近は高校生にトレーナーをつけるところもありますし、選手は日常的にサプリメントを摂取するようにもなりました。昔は、意識の高い選手だけが自主的にやっていたことが、部として行われるようになったんです。これだけ環境が違うんですから、高校時代にかなり力を引き出されている可能性もあります。だから同じタイムをマークしたとしても、レベルの高い記録会よりも、インターハイ予選のようなペースメーカーのいない、順位のかかった厳しい条件でのレースで出たタイムの方がより価値があるわけです。タイムはひとつの尺度と考えた方がいいでしょうね」

最終的な判断材料は、やはり対面して話してみて、実際に練習を見てみないことには選手の「実像」を把握できないという。最後は自分の目であり、感覚を頼りにするしかない。

「結局、誰を勧誘するのかと聞かれれば、まずは選手の体つきを見てみること。そして走ってみて、柔らかい動きができるかがポイントになってきます。そして何より、性格。上級生になるにつれて、『考動』することができるような素直な性格なのか。いい仲間になれるかどうか、これは話してみないと分かりません」

各大学の監督たちは、「高校生で、返事だけは抜群にいいのがいるんだよなあ」と笑って話してくれる。大学に入学してきてから、「ハイッ!」と間髪いれず返事をしてくるので、分かったんだろうと安心していると、ぜんぜん理解していなかったことが後になってから発覚する。とりあえず目上の人間には返事をしておけばいいという習慣が高校時代に染みついてしまっているのだ。

得てして、こうした選手は成長の度合いが遅いという。なぜ、監督がそうした指示を出しているのか、考えないままでは強くなれないのである。

理想の選手像〜山本憲二の場合〜

これまで面倒を見てきた選手のなかで、酒井が驚くほどの成長を見せたのが柏原と同期の山本憲二だったという。

山本は高校時代に広島県の近大福山高校から、石川県の遊学館高校に転校している。指導する先生が移ったので、そのあとを追ったのである。これだけでも根性がすわっていると思うが、遊学館高に転校してからは故障がちで練習が思うように積めず、チームでは二番手に甘んじていた。3年生の夏に行われたインターハイ出場がならなかったこともあり、他の大学がリクルーティング活動で山本の評価を下げるなか、東洋大は山本の獲得に動いた。

入学してからも決して順調だったわけではない。1年生の間はなかなか芽が出ず、2年生になってようやく練習が十分に積めるようになってから、順調に成長し始めた。そして3年生ではAチームに交じって練習するようになり、箱根ではアンカーとして10区を任されるまでになった。しかも区間賞を獲得し、優勝した早大を21秒差にまで追いつめたのだ。

「山本のことを思い返すと、大学に入ってから伸びる選手の要素がたくさん詰まっていたと思います。まず、何より前向きなこと。どんな練習メニューであっても、積極的に取り組んでいく姿勢が徹底していました。たとえば、ものすごく気温が高くて、普通だったら誰もが『今日は走るの嫌だな』と思うような状況でも、山本は『暑い時向けの練習だ』と前向きに捉えることができるんですね。彼が初めて箱根を走った時も、結局、早稲田には追いつけませんでしたが、山本だからこそあそこまで食らいつけたんじゃないでしょうか。それはなにもレースばかりでなく、就職活動にしても、『主観よりも客観的な評価が聞きたい』というスタンスで一般企業を回っていたんです。就職活動をしていくなかで、最終的には走るだけじゃなく、きちんと仕事もしなから競技を続けたいということで、いまはマツダさんにお世話になっています。きっと、自分の力で就職活動をすることで、どんな人生を歩んでいくのか見えたんじゃないかと思います」

酒井にとって山本の走りで忘れられないのは、彼が4年生の時に走った3区である。前年優勝の早稲田と、東洋大は3区で競り合う形となったが、早稲田の3区担当は神奈川県の多摩高校出身で、高校時代から実績を持つスター、矢澤曜だった。ふたりは同じ学年だったが、高校時代の実績を比較すれば矢澤の方がはるかに上だったし、大学に入学してからも、矢澤は1年生の時は箱根で1区区間賞を獲得していて、ユニバーシアードのハーフマラソン代表という実績もあった。その矢澤と山本が、お互いの肩をぶつけながらデッドヒートを展開し、山本が前に出た。

「あのときは胸が熱くなりました。山本のタイムは3区を走った歴代の日本人学生のなかで3番目のタイムだったんです。上位ふたりは、佐藤悠基君と、竹澤健介君（早大→エスビー食品→現・住友電気工業）のオリンピック代表選手のふたりです。山本がそのふたりに次ぐタイムを残したのは、東洋大の4年間の成果でした」

山本が成長できたのも、柏原をはじめとした「いい仲間」が周囲にいて、お互いが刺激し合っていったからだと酒井は見ている。成功した世代のひとつのモデルケースと言っていいだろう。

1年生の育て方

同じ学年の選手たちが、競技力を高め合う環境を作るには、大学に入学してすぐの導入期の指導がとても大切になる。東洋大の場合、毎年12月に京都で行われる全国高校駅伝に出場した名門校出身の選手もいれば、練習量の少ない地方の公立校から入ってくる選手もいる。これがひとつの特色であり、東洋大のカラーを形作っているといえるのだが、実際には入学時に実力にバラつきがあって、一斉に指導していくのは難しいという問題も抱えることになる。

「1年生に関していえば、選手としての基礎を作ることももちろんですが、まずは環境が変わって、大学生としてのリズムを作ることが大切です。新入生のなかには集団生活を経験したことがない学生もいますから、まずは徹底的に集団生活での規律を教える必要があります。なぜなら、寮の中では個人で生活しているのではなく、チームの一員として生活しているからです」

1年生は寮生活でのこまごまとした仕事も覚えつつ、朝起きてから練習し、文京区白山にあるキャンパスまで通学して、夕方の練習に帰ってくる。通学には1時間以上が必要で、高校時代、特に学校に近接する寮に住んでいた選手にとってはこれが大きなストレスになる。どんなに頑張って練習をこなしてきた選手でも、6月に入って梅雨時になると体調を崩しがちになるという。これまで経験したことのないカレンダーに沿って生活しているから、先の見えない不安に駆られることもあり、ガクッと体力、精神力が落ちてしまうのだ。そういう意味でも、6月から7月にかけては酒井がもっとも気を使いながら指導をする時期である。

一方で、東洋大が箱根で実績を残すにつれ、勧誘網にはかかってこない選手が入部を希望してくるケースも出てくる。たとえば、東洋大の指定校推薦で入学してきた一般の学生が、いきなり入部を希望してくる場合だってある。「鉄紺のユニフォームを着て、箱根で走ってみたい」という大きな夢を持って大学に入ってきたわけだから、酒井としても受け入れたい気持ちは山々だ。しかし、際限なく受け入れてしまっては部の運営に問題が出てきてしまう。

「一般学生たちのそうした思いは大切にしたいと思いますが、現実的に部員が一定の数を超えてしまうと、マネジメントが行き届かなくなってしまいます。私としては、中途半端にしか指導できない状態になってしまっては、競技力も低下しかねないという危惧が出てきますし、結局は自分が責任を取れる範囲で、学生を指導していくということになります」

入部が認められる部員は、やはり5000メートルを15分程度の走力が目安となってくる。地方の公立校で練習量が少ないわりに15分台で走れる選手がいるとするなら、伸びしろが見込めるということだ。

長距離の練習では能力別にメニューが用意されるが（酒井はできるだけ細分化したメニューが求められる時代になったと話す）、1年生は精神的に不安定な時期なので、あまり無理はさせられない。高校時代に実績を残した選手であっても、「自分は選ばれたんだ」というプライドがありながらも、大学という高いレベルで「果たして自分が通用するんだろうか？」という不安を抱えて入ってくるのだ。しかも1年生としての仕事もあり、ストレスがかかる。大学生活への導入は、監督、コーチ、そして主務といったマネージャー陣の運営力が試される。ここで選手の心をがっちりとつかむことが監督としては重要だ。

「1年の段階で、『選手のプライドをいかに壊すか』ということが重要です。大学で長距離を続ける選手は、高校時代に5000メートルで14分台を出したことがあって、それなりにプライドがあります。でも、そこで天狗になっていると、順調に練習を積んできた選手に逆転されてしまう。ちょうど夏場にかかる時期に逆転現象が起きることが多くて、体力も、精神的にも弱ってくるので、思うような結果が出なくなる。そうなると自己本位になり、身勝手な態度を取る選手もいるので、そういう時にうまくプライドを壊す必要があります。しっかりと直接話すことが必要で、そこでうまく気持ちを切り替えられて素直になれる選手は体調をうまく整え、秋の駅伝シーズンに向けて重要な位置づけになる夏合宿でグンと伸びてきます。ここで信頼関係を築くのが大事なんです」

「主務力」を育てる

また、マネージャー志望の学生も増えている。なんらかの形で箱根駅伝に携わりたいと考える大学生もたくさんいるのだ。各大学の長距離ブロックでは、主務の力が非常に重視されていて、練習の管理から競技会へのエントリー、関東学連との連絡などマネージャーの仕事は多岐にわたる。実際、試合の申し込みはマネージャーが行い、集合時間など、選手への通達なども行う。選手の体調も把握しなければならず、特に東洋大の場合は陸上部の寮の規模が大きいので、人員は確保したいのだが、選手と同じように希望者全員を受け入れるわけにはいかない。2013年度はマネージャーの人数は9人。他大学と比べるとかなり多いという。

「人数はこれでも絞っている方です。ウチに限らず、陸上部のマネージャーは飾りでもないし、ミーハー的な感覚では絶対に務まりません。基本的にマネージャーを採用する場合には、その人間が陸上に対する感覚を持っているかどうかを重視します。競技会の流れや、選手の気持ちが分かった方が仕事がしやすいからです。それに加えて、『人を支えたい』という思いが強いかどうか。自分は選手としてやっていくだけの能力はないけれど、陸上が大好きで、なおかつ縁の下の力持ちとして部を支えたい、そんな思いがあるかどうかを見極めます。実際に、4年生の『主務』になった人物が作り出せる『風土』というものがあるんです」

マネージャーのなかでヘッド格の4年生は「主務」と呼ばれるが、優勝したチームには間違いなく優秀な主務がいる。これはメディアへの露出が多い学生競技に共通した特徴で、陸上だけでなく、野球やラグビー部の主務は会社の即戦力になれそうな人材が多く、対応に抜かりがない。また、ミーティングなどでも発言する機会が増え、自然とリーダーシップを発揮する機会も多くなるので、主務の人柄によって部の雰囲気が左右される。

だからこそ、監督たちにとっては仕事ができる主務を得ることも、勝利を目指す上でとても大切なことなのである。

「『主務力』というものがあるとするならば——私はあると思ってますが——それは預かった選手の力を引き出してあげることだと思っています。監督だけでなく、主務だって、時には選手を叱り、誉め、一緒に泣いたり笑ったりする。感性が豊かで、機転が利かないととても務まりません」

加えて、スマートフォンの加速度的な普及で、2012年以降、コミュニケーションの形態が大きく変わった。東日本大震災をきっかけに生まれた「LINE」は若者の必須コミュニケーション・ツールになっていて、当然、そうしたツールを使いこなす選手たちを監督たちは相手にしなければならなくなった。

「LINEを使いこなす世代は、まず『待つ』ということができなくなってます。たとえば、LINEだとメッセージを送った相手が、そのメッセージを『開封』したかどうか、すぐに分かるようになっています。いまの学生は、『開封してるのに返事をよこさない』と考えてしまう。反対に、開封されていなければ、『いつになったら読むんだよ』とイライラしてしまうわけです。いまの学生たちは兄弟の数も減っていて、親御さんからとても大事にされています。ただ、全体を見渡してみると、人間として周りに対する視野が狭くなっている気がするんです」

なんとなくスポーツという観点からみれば不健康のように聞こえるが、パソコンや携帯を通じてのコミュニケーションにはメリットもあるという。対面よりも、選手のプライベートに入っていきやすいのだ。

「年齢差もありますから、学生としては面と向かっては話しにくいこともあるでしょう。でも、メールだと本音が出せる人間もいるわけで、監督の立場からすれば、対面では入っていけなかった内面を覗くことが可能な場合もあります。要は、人それぞれ、使いようでしょう。ただし、最終的に大切なのは、顔を合わせてのコミュニケーションであることに間違いはありません。特に駅伝の場合、最後は選手同士がタスキをつないでいくわけですから」

スマートフォンの発達はそればかりではなく、情報が伝達するスピードも速めた。選手同士で「他の大学はこんな練習をしている」とか、「いまはケガをして練習は別メニュー」といった情報が流れることも珍しくはない。酒井もこればかりは仕方がないという。

「練習、故障、これはもうバレるものとして準備した方がいいですね。箱根の前であってもそうです。どうしてもオーダーの秘密は守りたいところですが、これも知られていると思って準備した方が精神的に楽です。ただ、私が監督を務めてきた中でハッキリいえるのは、他の大学のオーダーを気にしているようでは駅伝では絶対に勝てないということです。最終的には東洋大らしい駅伝ができた時に優勝できるんです」

「東洋大らしさ」とは?

では、その東洋大らしさとは、どんなものなのだろう。酒井が監督に就任してから安定した力を誇り、「強さ」が東洋大のシンボルになりそうな勢いだが、「いまの箱根はそんなに甘いものじゃありませんよ」と酒井は気を引き締めている。

「過去に黄金時代を築いた大学も、その後の成績をたどってみると、シード権が取れなかったり、本戦に出られなかった年を経験しています。日体大にしても、今回の優勝は30年ぶりの優勝だったわけですからね。長いスパンで見てみると、どうしても浮き沈みはありますから、私としては常に優勝争いができるチームを作りたいと思っています。その一方で、落ちるところを食い止めなければならない時期が来るかもしれません。選手が入れ替わっても、踏みとどまれるような力、『風土』を作っていきたいと思います」

風土という言葉を選んだあたりに酒井らしさがにじみ出る。監督ひとりの色に染まっていくのではなく、その学年、学年に色合いがあり、主務によってさえ雰囲気は変わってくる。酒井は「君たちが4年生になった時に、どんなチームになりたいんだ」と学生たちに問いかけ続け、学生たちが時間をかけて答えを用意するのを辛抱強く待っているのだ。

我慢強い。粘る。駅伝で見られる東洋大の特徴は、そのまま監督の指導の特徴でもあり、選手も監督の背中を見て練習に励んでいる。贔屓目ではなく、酒井の目から見ても、東洋大の選手たちは真面目だという。

「学生たちを預かってみると、雄弁な子は少ないです。どちらかといえば寡黙で、黙々と練習を積む選手が多いです。人として当たり前のことを、当たり前だと思ってやっていこうとする姿勢、これが東洋大では大事です。礼を正し、場を清め、時を守る。それが結果につながっていきます」

ただ、厳しいばかりが風土ではない。東洋大の特徴として、酒井は「メリハリがはっきりしていること」をあげた。

「他の学校のみなさんが、東洋大は厳しいというのは、単なるイメージですよ(笑)。確かに関東インカレなんかだと、応援席での規律とか、他の大学よりは厳しく見えるのかもしれません。でも、ウチは門限だって緩いし、毎日全員が集合することもないんですよ。そういう面は無視されている（笑）。しっかりと守るべきものは守った上で、最終的に自由時間を自分で作っていくことができます。1年生の段階だと、オフの日があっても体力の回復を優先して寮に残っていたりしますが、体力がついてくるとパッと遊びに行ってます。時には『門限なし』という日も作ってあり、選手に対しては事前に予定表で知らせてあるので、上級生だとうまく友だちと時間を合わせて食事をしたりしてるんじゃないでしょうか。正直、一日オフなのに寮の中で何もせずゴロゴロしている選手は、なかなか強くなれませんよ。陸上、特に長距離というのは『マネジメント・スポーツ』ですから、自分の生活をうまく組み立てられる選手が強くなるんです。なにも練習するばかりが強くなる方法じゃなくて、生活を充実させていくのも強くなる方法だと思います」

酒井の過ごす日々も、陸上にどっぷりと浸かりながら進んでいく。陸上部の合宿所に家族とともに住み、学生たちと時間を過ごす。

「箱根を目指している学校の監督のみなさんはどこもそうだと思いますが、家族の協力がなくては監督を続けるのは無理です。春、夏、秋、冬、どの季節にも大きなイベントがあるし、普段も朝5時から練習が始まります。夜だって、ポイント練習が終わるのは7時半を過ぎますし、家族の理解がないと本当にやってられません。きっと、同じようなことは順天堂大の澤木（啓祐）先生や、駒澤大の大八木先生も経験されていると思います。幸い、わが家の場合は、妻がもともとは福島の高校の教員で陸上を教えていた経験もあるので理解はありますが、夫婦の会話は陸上のことばかりです（笑）」

いまや箱根駅伝での人気校のひとつとなった東洋大学。その強さは酒井の情熱と、家族の支えがあってこそ、成り立っているのだ。

上京し、夏場を迎えて体調を崩した1年生の助けになるのは、部の仲間であり、先輩であり、そして酒井と妻なのである。妻がおかゆを持っていき、その選手がどんな状態なのか、どんなことを考えているのか、耳を傾けることもある。

陸上が好きだから、出来ることだと思う。だから、学生ととことん付き合える。

そこに東洋大の強さの基盤がある。

東洋大学

過去の箱根駅伝成績

回	年	総合	往路	復路
14	33年	10位	10位	10位
15	34年	13位	11位	13位
16	35年	11位	11位	12位
17	36年	11位	10位	13位
18	37年	11位	6位	14位
19	38年	7位	8位	11位
20	39年	8位	6位	9位
21	40年	5位	4位	5位
22	43年	出場せず		
23	47年	出場せず		
24	48年	10位	8位	10位
25	49年	10位	6位	10位
26	50年	12位	13位	11位
27	51年	11位	11位	11位
28	52年	12位	12位	13位
29	53年	9位	9位	10位
30	54年	6位	6位	7位
31	55年	7位	5位	7位
32	56年	9位	9位	8位
33	57年	10位	12位	9位
34	58年	8位	5位	8位
35	59年	8位	5位	8位
36	60年	3位	5位	2位
37	61年	6位	7位	7位
38	62年	9位	8位	6位
39	63年	11位	14位	10位
40	64年	4位	5位	6位
41	65年	9位	11位	9位
42	66年	6位	7位	5位
43	67年	6位	7位	4位
44	68年	4位	6位	2位
45	69年	5位	9位	5位
46	70年	7位	11位	4位
47	71年	6位	7位	6位
48	72年	8位	8位	8位
49	73年	11位	12位	8位
50	74年	8位	9位	6位
51	75年	8位	10位	8位
52	76年	10位	10位	9位
53	77年	9位	8位	9位
54	78年	9位	10位	8位
55	79年	6位	8位	6位
56	80年	7位	5位	9位
57	81年	10位	12位	9位
58	82年	6位	6位	8位
59	83年	7位	8位	8位
60	84年	8位	9位	7位
61	85年	9位	8位	10位
62	86年	13位	13位	13位
63	87年	10位	13位	5位
64	88年	13位	14位	9位
65	89年	14位	12位	14位
66	90年	13位	15位	11位
67	91年	15位	15位	14位
68	92年	出場せず		
69	93年	11位	11位	7位
70	94年	15位	12位	17位
71	95年	10位	14位	8位
72	96年	11位	12位	12位
73	97年	7位	6位	10位
74	98年	10位	12位	7位
75	99年	9位	12位	7位
76	00年	15位	15位	15位
77	01年	出場せず		
78	02年	出場せず		
79	03年	6位	9位	4位
80	04年	6位	6位	7位
81	05年	13位	12位	14位
82	06年	10位	7位	13位
83	07年	5位	10位	3位
84	08年	10位	9位	10位
85	09年	優勝	優勝	優勝
86	10年	優勝	優勝	2位
87	11年	2位	優勝	2位
88	12年	優勝	優勝	優勝
89	13年	2位	3位	4位

第4章

最大の使命は「日体大のプライド」を取り戻すこと

別府健至

日本体育大学
陸上競技部　駅伝監督

PROFILE　べっぷ・けんじ　1966年兵庫県生まれ。日本体育大学スポーツ局の准教授として長距離強化にたずさわる。本山中から西脇工高に進み、１年生の時に全国制覇を経験。日体大では4年生で全日本大学駅伝のアンカーとしてゴールテープを切った。箱根駅伝は2年生・9区、3年生・8区、4年生・4区を走る。卒業後はNECで競技を続け、後にスタッフとして活躍。'99年から日体大に戻る。趣味はと聞けば、「ゴルフと言いたいところですが、勝つまでやりたくなるので控えています」という答えだった。

日体大の栄光

私の記憶にある日体大は、強く、速かった。中でも1977年の第53回大会、1区の読売新聞社前から猛然とダッシュで飛び出した石井隆士（現・日体大陸上競技部部長）は、最初の角を曲がる時点でリードを奪い、日体大はその後、一度もトップを明け渡すことなく大手町に戻ってきてしまった。

これを完全優勝と言わずして、何を完全優勝というだろう。

歴史を振り返ってみると、日体大は1969年に初優勝すると5連覇を達成、箱根に一つの時代を築いた。その後、1977年、1978年と連覇、1980年、1983年と優勝を飾る。70年代から80年代にかけては順天堂大との一騎打ちの様相が続き、時々それに早稲田が絡んだ。

日体大・岡野章、順天堂・澤木啓祐、早稲田・中村清の対決である。これは役者がそろっていたなあと思わせる。

しかし日体大は1983年の優勝を最後に、長い低迷に苦しんだ。ギリギリ、勝負に絡むレース運びができたのは1989年までで、90年代以降はシード権争いに回ってしまった。

ところが——。2013年の大会で3位に入れば上出来、と思われていた日体大が、5区で3年生主将の服部翔大（埼玉・埼玉栄高）がトップに立ってそのまま逃げ切ってしまったのである。実に30年ぶりの優勝だった。監督の別府健至さえ「想像もしなかった」優勝だった。

1985年入学、別府健至

昭和41年、1966年に生まれた別府にとって、日体大はあこがれの存在だった。別府の中学、高校時代は日体大が覇権を競う時期とちょうど重なっていた。

兵庫県に生まれた別府は早熟のランナーである。中学2年生の時には全国大会で入賞した経験を持っていたため、高校進学にあたっては県内の名門2校、西脇工業高と報徳学園高の両校から勧誘を受けた。

「正直、どちらに行くか迷いましたが、渡辺公二先生にお誘いいただいて、西脇に行くことに決めました。渡辺先生は高校生の時はもちろん怖かったですが、今でも怖い(笑)。先生は走る以前に、人間性を重視した指導をなさっていました。私生活や授業態度がなっていなければ、いくら強い選手でも使ってもらえませんでしたからね。40歳を過ぎて怒られることはあまりないんですが、いまだにドヤされます」

その渡辺が2012年から日体大の指導に加わり、覇権奪回の一翼を担った。別府が西脇工に入学した1982年、兵庫県予選で報徳学園との競り合いを制し、全国高校駅伝に駒を進めた西脇工は、そのまま見事に全国大会で初優勝を飾った。別府も1年生で都大路を走り、優勝に貢献している。

「1年生の時はもう毎日が無我夢中。朝練習に5〜6キロを走って、夕方に平均すれば15キロ前後を走る。1ヵ月のトータルは500キロくらい走っていたでしょうか。今思えば純粋に陸上に打ち込んでいました。西脇が京都で優勝して、年が明けた1月3日、日体大が箱根で優勝しているんです。だから私としては覚えやすくて、西脇の初優勝と日体大の最後の優勝は同じシーズンだったんです」

高校3年になって別府は高校駅伝で「花の1区」を走ったが、本人にとっては少しばかり悔いの残る高校生活だったようだ。

「私が高校2年、3年と報徳が全国優勝したこともあるんですが、それ以前に自分の陸上に対する姿勢が消極的というか、渡辺先生が厳しいので、ドヤされたら嫌だなという気持ちが先に立ってしまって、練習に対して前向きじゃなくなったんです。走ることに対して受け身になっていて、1年生の時のような周りも見えないくらい必死になって練習したような純粋さがなくなっていました」

それでも別府の能力は際立っており、1985年、恩師・渡辺の母校でもある日体大に進学することになった。実は別府を最後に、西脇工から日体大に進学する選手はしばらく途切れた。当時の日体大は岡野が学校を去り、指導者が不在という事態を迎えてしまったからである。この後、西脇工の選手が日体大に再び進学するようになったのは、別府が監督を務めるようになってからである。

しかし別府が入学した時期は、タレントぞろいだった。この前後に日体大に籍を置いた選手たちを見ていくと非常に興味深い。

▼1983年入学

・大後栄治（神奈川大学監督）

▼1985年入学
・別府健至
・川嶋伸次（前・東洋大学監督）
▼1987年入学
・平塚潤（城西大学陸上部総監督）

今、箱根駅伝の指導者として活躍している人材が日体大で練習を重ねていたのである。ここにあげた他にも、高校、実業団の指導者を合わせたらかなりの数にのぼる。

監督は不在だったが、選手の層は厚かった。長距離部員だけでかなりの選手がおり、レベルに合わせてA、B、C、Dに分かれていた。別府は入学した時にはBグループだったが、ほどなくしてAグループを狙える位置につけた。しかし指導らしい指導はなく、部は「独立自尊」の空気にあふれていた。

「高校時代とはまったく違う雰囲気に驚きました。誰からも何もやらされないし、自分で練習ができないと強くなれない状況だったんです。それが、私にとっては楽しかった。走っていても『練習をやらされてるんだ』という意識はまったくなくて、自分で考えて練習すればグループも上がっていけた。反対に誰からも強制されませんから、落ちていくのも簡単。面白い集団だったんじゃないかと思います」

Aグループに上がると、部内での待遇が変わった。練習中にAグループがトラックを走ってくると、他の選手たちはサッと内側の1コースをあけるのだった。Aグループは選ばれし者の集団だった。

しかし一方で、学生主体であることの弱点もあった。200キロ以上に及ぶ長丁場、ごまかしが一切きかないのが箱根の恐ろしさで、長距離走者の、そしてチーム全体の真の実力が試される。

1987年、別府は2年生で9区を任されることになった。しかし箱根駅伝の前日、アクシデントがチームを襲う。1区を走ることになっていたキャプテンの仲西浩(兵庫・西脇工高)が最後の練習で肉離れを起こしてしまい、6区に予定されていた川嶋が1区にまわることになった。それはまだいい。問題は、急遽6区を走ることになった、もともとは「11番目」の選手が、十分な準備をしていなかったことだ。

「急に走ることになったのは私と同部屋の選手でして、12月中に10人のメンバーが決まってから箱根で走れないことが分かって、あまり走っていなかったんです。それでいきなり6区を走れといわれても無理ですよ。往路では優勝したんですが、案の定、6区で貯金を使い果たしてしまった」

もしこの時、日体大に指導者がついていればこのような事態は避けられたかもしれない。別府も母校の監督になった今、その思いを強くしている。

「緊急事態を避けるための指導、そしてトラブルが起きることを想定しての準備。そうした『リスク・マネジメント』が学生主体のチームではできなかった――というよりも、そこまで目配りができない。指導者がついていればケガをしないように調整を進めるでしょうし、メンバーから外れてしまった選手に対してもモチベーションを落とさないように気配りができたはずなんです。指導者がいれば、まったく違った結果が出ていたと思います」

6区で中大にとらえられ2位となった日体大は、7区でも順天堂大に抜かれ3位に。9区の別府にタスキが渡った時には、トップ中大から1分8秒差、2位の順天堂大とは20秒の差がついていた。9区は長丁場、十分に逆転可能なタイム差だ。

「テレビ中継が始まった年ですし、これは逆転してヒーローになれると思いましたよ(笑)。実際に走ってみると、沿道からの声援が体に響いてくるような感じで、これは他の大会とは違う、とんでもない大会だと思いました。そして実際に追いついて、中大、順天堂大と併走する形になった。チャンスでした。ところが、肝心な時に生まれて初めて左足に痙攣《けいれん》が起きたんです。最初、何が起きたんだと思ったんですが、仕方なくペースダウンしてタスキをつなぎました。タスキを渡した時はトップの順天堂大とは1分14秒差。アンカーの小川（欽也）さん（3年・京都・洛南高）が区間賞を獲ったので、自分のところで1分も差をつけられていなければ……そういう思いはありました」

翌年、1988年は順天堂大が10区間中区間賞7人、残りの3人も区間2位という圧倒的な強さを発揮して、2位の大東文化大に17分9秒もの差をつけて完全優勝する。日体大は3位、別府は8区を走り区間2位の好走を見せている。

別府が最終学年になった1989年は昭和64年、昭和最後の大会となった。この年も順天堂大との争いが予想されたが、日体大は別府がアンカーを務めた全日本大学駅伝を制しており6年ぶりの優勝を狙っていた。しかし1区に予定されていた平塚潤の疲労骨折が判明し、オーダー変更を余儀なくされた。

別府は4区で区間2位の力走、5区では島津秀一（4年・大阪・太成高）が圧倒的な強さを見せ、トップ順天堂大にわずか12秒差の2位で往路をフィニッシュ。6区には川嶋を配置しており、日体大はここで逆転に成功。8区から9区につないだ時点では順天堂大に約2分の差をつけていたが、9区で逆転を許して逆に2分もの大差をつけられ万事休すとなった。

「私が学生のころは、勝てそうで勝てない状況が続いてしまいました。一つ勝っていれば、状況は変わったと思います。でも、学生主体のチームだと、どうしても最後の詰めの部分で甘さが出てしまう。選手の配置にしても、もっとやりようはあったと思います」

むしろ、学生主体でよくぞここまで戦ったともいえる。しかし学生だけでは順天堂大の名将・澤木を相手にするには荷が重すぎたというべきだろう。

それよりもこの時期に学生が中心となって練習計画を作り、部の運営をしたことが、多くの指導者を生むきっかけになった面も見逃せない。別府がいう「誰からも何もやらされないし、自分で練習ができないと強くなれない状況」は、ある意味、無駄ではなかった。おそらく、みんな陸上の面白さにとりつかれ、そこから逃れられなくなったのだろう。

「4年生の主将とマネージャーが中心になって活動していましたからね。詰めが甘い部分はあったにせよ、みんな大人だったと思います」

監督が不在の中、青年たちは大人へと成長していった。

しかし、これだけの強豪校でたった20年前、学生による自主運営が行われていたことは特筆に値する。

日体大低迷の要因とは

別府は1989年に日体大を卒業すると、NECで現役生活を続けた。社会人としての生活に集中している分、箱根とは心理的に距離が離れたが、テレビで箱根の中継を見ても面白くないというのが本音だった。

箱根は華やかだ。しかしレースで下位に低迷していれば、OBとしては気がもめるし、テレビに映る時間も短い。年が経つにつれ、見る気分ではなくなっていった。

それもそのはず、別府が卒業した後、箱根での日体大の成績は急降下してしまった。1990年は6位、1991年は2区で平塚がトップを走るなど健闘を見せたが、総合では5位。翌年はエース・平塚の抜けた後の穴が埋まらず、ついに11位となりシード権を失った。日体大がシード権を失ったのは昭和30年、1955年以来のことだった。

「テレビ中継が始まって、どの大学も本気で強化し始めた波に日体大は完全に乗り遅れてしまった。監督が不在の時期があったことも大きいんですが、大きな枠で見てみると1990年代は全国的に『体育大学離れ』が進んだ時期だったと思います。なぜそうした現象が起きたかというと、80年代あたりから全国の教員が飽和状態になり、体育の教員免許を持っていたとしても、採用枠がほとんどない状況になってしまったんです。それまでは日体大に進んで教員になるという道筋があったのが、就職という面で不利な状況に陥ってしまった。そうなると体育大学に行くよりも、総合大学に行った方がいいということで、日体大で箱根を目指していたような人材が総合大学に流れてしまいました。その流れを食い止めることができず、リクルーティングの面でかなり遅れをとってしまったのが低迷の原因だったと思います」

実は日体大が黄金時代を迎えることができたのは、体育大学であることの強みが発揮されたからだった。少なくとも1980年代前半までは、公務員になることの信頼性は高く、その考え方は、地方で特に強かった。

しかし少子化の時代を迎え、教員の数がだぶつき始めると、新規採用が手控えられた。そうなると教員養成に強みを誇っていた大学は一気に取り残されてしまう。ある意味、日体大の弱体化は日本の社会、経済や雇用のひずみが凝縮された形で現れたものだったのである。

「正直、親御さんとしては東京六大学に進ませたいという方もいらっしゃいます。でも、ウチとしては黙っているわけにもいきませんから、魅力あるチーム作りをしなければいけないし、教員になれないのなら……というイメージを払拭する必要があって、リクルーティングにあたってはその年の卒業生の就職先の実績をお見せして、今は教員養成に特化しているだけではない、とご理解いただくようにしています」

これは駅伝に限ったことだけではなく、日体大という大学としての努力である。

少子化の時代を迎え、それほど大学間の学生獲得競争は激しさを増しているのだ。

2013年の第89回大会。
5区の山上りを制して、
ゴールする服部翔大

監督就任の経緯

別府が母校に戻ってきたのは1999年である。ちょうど卒業から10年が経ち、別府は33歳になっていた。

NECで現役を続けるつもりだったが、故障に悩まされ、コーチとして陸上にかかわっていた。陸上の世界でコーチは単なる雑用をこなす人間のことを指すのではない。プランに沿って練習計画、実施を遂行しなければいけない。別府はその面白さに魅せられ、どんどん陸上にのめりこんでいく。そしてもう一段、上の希望を抱くようになる。

「やっているうちに、自分のメニューで指導していきたいと思うようになりました。それで高校にも何校か履歴書を送ったんですが、そんな時に日体大が学校として駅伝をバックアップしていくという話が出たんです」

名門復活が期待されたが、箱根で戦えるチームを作るには土台が脆弱すぎた。

「最初見たときは、う〜ん、と唸ってしまいましたねえ。これは簡単には強くならないし、ヘタをすると予選会も通らないんじゃないかという危機感までありました。1～2年目はまず距離を踏む（長い距離を走る）ことを重視した土台作りからスタートせざるを得ませんでした。確かインカレの決勝にひとりしか残らない状況でしたし、寂しかったですね」

練習の現場でも時間が必要だったし、リクルーティングでも苦労を強いられた。1960年代から1970年代にかけて日体大が優秀な選手を勧誘できたのはOBが教員として全国に散らばり、高校の教え子を日体大に進学させるケースが多かったからである。見方によっては、全国の高校に散らばった日体大OBはそのまま日体大のリクルーターでもあった。しかし監督不在によって、「選手を送っても大切に育ててくれない」という不信感が芽生えてしまい、リクルーティング網は崩壊してしまった。

別府はそのネットワークを再構築する必要に迫られた。高校の先生に挨拶《あいさつ》しても、「昔は強かったんだけどな」といわれることもしばしばだった。監督に就任した1999年から3年間ほどは、全国の有力チームの中でOBが監督を務めている学校を中心に頭を下げてまわって関係を構築し、有力選手の進学先として検討してもらえるようにお願いしました。

別府の仕事は、ほとんど新興校の監督がやっていることと同じだった。

リクルーティングの成果

就任して年月が経過するにつれ、部内の空気も変わってきた。

「最初は優勝とかそんなレベルではなくて、『箱根に出られりゃ、それでいいや』と思っている選手がかなりいたと思います。練習のレベルは上がっているのに、上に行こうという気持ちがないので箱根での結果は伴いませんでした」

就任1年目からの成績は、11位、11位、11位とシード権確保に至らず、2003年になってようやく9位に滑り込み、就任4年目にしてようやくシード権を獲得。2004年も再び9位だったが、2005年の第81回大会では10区で4年生の山田紘之(現・コニカミノルタ)が区間新記録を大幅に更新する快走を見せ、総合2位に入った。

「2003年の4月に保科、鷲見といったメンバーが入ってきて、ずいぶん雰囲気は変わってきました。2位に入った時は、みんなが背伸びせずに確実に走ったことが好結果につながったと思います。結果が出ると、俺も強くなろうという意識が浸透してきますし、経験者がかなり残ったので翌年はもう一つ上を狙っていったんですが……」

2006年は期待されながら1区で出遅れてしまい、9位に逆戻り。別府にしてみれば一進一退といったところである。

この大会ではまったくのノーマークだった亜細亜大が優勝し、実質的にどの大学にも優勝のチャンスがあった。日体大も往路での失敗がなければ……。

「箱根というのは本当に流れが大切で、特に往路で選手たちが普段通りに走って、いい位置につけておくのが戦うための絶対条件です。流れに乗れないと、みんな連鎖反応で焦ってしまって実力が出せない時もある。箱根にたどり着くまでのプロセス、これがまた難しい」

ある年は、半数以上の選手たちがノロウィルスに感染し、1〜2週間は走り込みができず、練習はジョグのみという状態が続いてしまった。監督経験の中で失敗があったことを、別府は認める。

「何年、学生を指導しようとも、日々勉強です」

近年、大学側が監督に要求するレベルが高くなってきているのも事実だ。2008年に起きた数件の監督交替は、箱根駅伝が大学の経営戦略の中で重要な位置を占めるようになり、監督に「結果責任」が問われるようになった象徴的な出来事だ。

「怖いと思いますよ。箱根駅伝が持つ影響力を考えると、今大きく箱根が変化していると思わざるをえないです。ただ、結果責任ばかりが追及されてしまうと、選手を育てるということが疎かにならないのか、心配になる部分もあります。やっぱり選手を預かった以上、4年という時間をかけてしっかりと育てるのが大切だと思いますし、簡単に監督を替えていては『あの大学はすぐに監督が替わるからなあ』ということで、大学と高校の関係が崩れてしまう場合もあります。結果責任というのは駅伝に限らず、社会の流れなのかもしれませんが、失うものも少なくないのでは……そう思いますけどね」

暗黙の了解

別府は日体大の監督という仕事の責任の重さを重々承知している。全国に散らばったOBから常に結果を問われていることも。

「陸上競技部のOBだけではなくて、日体大の卒業生のみなさんが『箱根の本家は日体大』という意識を持たれていると思うんです。本来、箱根を走る日体大の選手は、高校生のあこがれであり、部員にとっての目標であり、卒業生であることを誇りに思えるような存在でなければいけないと思っています」

2007年から2008年にかけては、出雲駅伝で3位、全日本大学駅伝で2位ときて、箱根ではさらなる飛躍が期待されたが、5年ぶりにシード落ちという屈辱を味わった。別府は、チームが箱根で安定期に入り、目標が定まらない状態だったことが悔しい結果につながってしまったと分析している。

「シード権確保がずうっと続いて、選手たちがなんとなく『箱根に出られればいいや』という状態になってしまった。これは私が日体大の監督になった時と、精神面では同じレベルなんです。実力はついているものの、優勝も現実味がない状態で、走ればひとケタの結果は残せるのが当たり前と感じるようになってました。箱根では一つ歯車が狂うと、みんながパニックになってしまう。それを立て直せるほどの気持ちの強さもなかったので、それを薬にして緊張感を持って練習に取り組んでいくしかないのです」

別府の仕事は箱根で結果を出すこともさることながら、より重要なのは、「日体大のプライド」を取り戻すことだろう。結果を出すこと。それはプライドを取り戻すこととつながっている。強い日体大が帰ってくるには、部員にプライドが芽生えなければならない。

「私が現役部員だった時は、部員全員に暗黙の了解がありました」

暗黙の了解。

「箱根では当然、優勝を目指すことです」

近年入ってきた選手でさえ、気持ちの面でまだそこまでのレベルには達していなかった。優勝を現実的なものとしてとらえきれていなかったと別府はいう。しばらく優勝の美酒から遠ざかってしまうと、そうした感覚が失われてしまう。

「ただ、信じる気持ちは必要でしょう。勝つ、と思い続けることがブレイクするきっかけになると思いますから。陸上に限らず、世界の歴史を見ても、ライト兄弟やグラハム・ベルは必ずできると思っていたからこそ、不可能を可能にできたわけですから」

そして２０１３年、日体大が不可能を可能にした。30年ぶり、10度目の箱根の優勝を手にしたのだ。

誰もが驚いた日体大の優勝

２０１２年から始まったシーズン、別府は大きな賭けに打って出た。３年生の服部翔大を主将に任命したのである。陸上に限らず、大学スポーツの世界で下級生が主将に就くのは極めて稀なケースである。別府にそう決断させたのは、２０１２年の箱根駅伝で史上最低となる19位と沈んでしまったからである。

ショック療法が必要だった。

その効果はたしかにあった。箱根駅伝の予選会は2位の帝京大に大差をつけてトップ通過。選手層の厚みが光ったレースとなった。その後、11月に行われた全日本大学駅伝では駒大、東洋大、早大についで４位に入った。特に４区を走った服部は区間賞を獲得し、主将の責任を十分に果たした。

予選会、そして全日本でいい流れを作ったことが選手たちの自信につながったという。

「もともと、シーズンが始まった時は箱根で3位以内に入るのが目標でした。3位以内というのは、それ以上もあるということですからね。予選会では力を発揮できて、選手たちも手ごたえを感じた。ただ、ここ数年を振り返ってみると箱根を前にノロウィルスが発生したり、必ずしも万全の状態でレースに臨めていなかった。衛生面に関しては細心の注意を払って1月2日、3日を迎えたつもりです」

そして箱根。各チームとも強風という悪条件下で苦戦するなか、日体大は大きなミスなくタスキをつなぎ、4区終了時点で2位に進出。そして山で服部が見事な走りを見せる。いったんは早大の山本修平に抜かれたものの、落ちついてペースを保ち、山本、そしてトップに立っていた東洋大の定方俊樹を逆転。トップに立って、芦ノ湖のゴールテープを切った。2位の早大には2分35秒差、3位の東洋大には2分39秒もの大差をつけていた。

往路が終わってから、別府は学生たちに復路を迎えての心構えを説いている。

「いいか、優勝しようなんてバカなことを考えるな。地道に自分の走りができるように集中していこう」

実際、私を含めて報道陣は、復路での東洋大の逆転を予想した者が多かった。東洋大の方が選手層が厚く、しかも箱根で実績のある選手を復路に残していたからだ。早ければ7区で逆転か――。それが読みだった。しかし、日体大は4年生たちが健闘した。

7区の高田翔二（静岡・藤枝明誠高）、8区の高柳祐也（埼玉・埼玉栄高）、10区アンカーの谷永雄一（鹿児島・出水中央高）がそれぞれ区間2位の走りでがっちりと首位をキープ、2位で追う東洋大の焦りを誘い、リードを広げて優勝してしまった。

鮮やかな逃げ切りだった。こういった展開で日体大が優勝するとは、想像することができなかった。

「私だって、優勝できるとは思ってませんでしたから。復路を走っていても、優勝の『ゆ』の字でもいおうものなら、逆転されるような気がしていて。ようやく優勝を意識し出したのは、9区に入ってからです」

と別府がいうほどだから、箱根駅伝の歴史に残る番狂わせだったといっていいだろう。しかし実が詰まったいいチームになっていたのは間違いなかった。

特に主将を外された4年生たちの走りには感銘を受けた。服部がリーダーとなり、

4年生は「我々の代からキャプテンを」との思いを伝えに別府に直談判に行った。しかし監督の意志は固く、もしそれが不満なら退部も覚悟しなければならなかった。そこで腐らずに一年間走ってきたことが、復路での好走につながり、30年ぶりの優勝の勝因となった。別府は4年生を突き放したことで、彼らに成長を促すことができた。これはあくまで結果論だ。服部の主将指名は危険なギャンブルだった。しかし、リスクを取って別府は優勝監督となったのである。

「胴上げは最高に気持ち良かったですよ。ちょっと雲もありましたが、ビルとビルの合間から見あげる空は、絵になるというか、一生忘れないと思います」

別府にとって大きかったのは、高校時代の恩師である渡辺の存在だった。報道のなかには、渡辺が来たことで部員が大きく変わったと書くところもあったが、

「実際にいちばん変わったのは、私だったと思う。渡辺先生と話をしていくなかで、自分で気付かされることも多くて、本当に勉強になった一年だった」

と別府自身が語っている。

師を招いたことが、40歳を過ぎての発見につながったのではないか。監督の成長が、そのまま部としての伸びへと転化したのだ。

30年ぶりの王座奪還。それでも日体大にとって、厳しい戦いは続いていく。２０１３年に入学してきた選手たちの顔ぶれを見ても、人材獲得競争において日体大が劣勢に立たされていることに変わりはない。

ある意味で、日体大の優勝は「人材」の優劣が、そのまま箱根の成績に直結するわけではないことを示したのである。服部のような絶対的なエースは必要だが、リードを守って復路のタスキをつないだ4年生たちの活躍がなければ優勝はなかった。

それでも、優勝したことで日体大には勢いが出てきた。２０１３年のクロスカントリー、トラックでは日体大の選手たちのイキのいい走りが見られるようになった。レースでは常に積極的で、集団の前の方に位置取りをしてレースを引っ張っていく。日本体育大学の選手であることが誇らしげでもあった。

主将の服部はカザンで行われたユニバーシアードの1万メートル代表となり、6位入賞を果たしている。ロードだけでなく、学生界を代表するトラックの人材の育成にも成功したわけだ。

別府は19位という辛酸をなめ、ようやく模範となるべきチームを作り上げた。果たして日体大がどんな進化を遂げていくのか、箱根の楽しみがまたひとつ増えた。

日本体育大学

過去の箱根駅伝成績
（初出場以降）

回	年	総合	往路	復路
25	49年	7位	5位	5位
26	50年	10位	8位	10位
27	51年	8位	7位	8位
28	52年	9位	10位	9位
29	53年	13位	14位	4位
30	54年	10位	9位	10位
31	55年	10位	10位	10位
32	56年	5位	6位	6位
33	57年	7位	6位	7位
34	58年	4位	4位	5位
35	59年	7位	7位	6位
36	60年	9位	13位	4位
37	61年	4位	5位	3位
38	62年	3位	5位	5位
39	63年	4位	5位	4位
40	64年	5位	4位	9位
41	65年	5位	6位	4位
42	66年	3位	4位	3位
43	67年	5位	5位	5位
44	68年	2位	4位	3位
45	69年	優勝	優勝	優勝
46	70年	優勝	優勝	優勝
47	71年	優勝	4位	優勝
48	72年	優勝	優勝	優勝
49	73年	優勝	優勝	3位
50	74年	5位	4位	7位
51	75年	3位	4位	2位
52	76年	2位	3位	優勝
53	77年	優勝	優勝	優勝
54	78年	優勝	2位	優勝
55	79年	2位	3位	優勝
56	80年	優勝	優勝	優勝
57	81年	2位	2位	3位
58	82年	2位	優勝	4位
59	83年	優勝	優勝	2位
60	84年	2位	3位	2位
61	85年	3位	3位	優勝
62	86年	6位	4位	6位
63	87年	2位	優勝	3位
64	88年	3位	3位	2位
65	89年	2位	2位	2位
66	90年	6位	9位	4位
67	91年	5位	4位	7位
68	92年	11位	7位	12位
69	93年	10位	8位	13位
70	94年	8位	6位	11位
71	95年	5位	6位	4位
72	96年	9位	11位	10位
73	97年	10位	10位	8位
74	98年	11位	13位	6位
75	99年	12位	10位	10位
76	00年	11位	10位	10位
77	01年	11位	9位	8位
78	02年	11位	12位	6位
79	03年	9位	6位	14位
80	04年	9位	4位	10位
81	05年	2位	5位	3位
82	06年	9位	14位	3位
83	07年	4位	3位	9位
84	08年	12位	14位	9位
85	09年	3位	3位	4位
86	10年	9位	3位	17位
87	11年	8位	10位	10位
88	12年	19位	11位	19位
89	13年	優勝	優勝	2位

第5章

新興校を強豪へ育て上げた名将の熱意を支えたもの

上田誠仁

山梨学院大学
陸上競技部　監督

PROFILE

うえだ・まさひと　1959年香川県生まれ。山梨学院大学法学部教授、陸上競技部監督。全日本中学陸上大会で中学新記録をマークして優勝。尽誠学園高から順天堂大学に進み、箱根駅伝は2年生から3年連続で5区を担当する。卒業後は地元・香川の三豊工高、本島中で教鞭を執り、'85年から山梨学院大学監督に就任、総合優勝3回。趣味は多彩で、美術館を巡ったり、自分でコーヒーをいれる時間を大切にするという。「感性を磨いていないと、陸上の監督は務まりません」。甲府に住んでからは武田信玄や中国史の読書にも没頭。好きな言葉は「疾風に勁草を知る」。

箱根駅伝を変えた山梨学院――エリートランナー、上田誠仁の軌跡

山梨学院大学が箱根駅伝に与えた影響には、計り知れないものがある。
1987年、日本テレビが中継を始めた年にちょうど初出場した山梨学院大は、まさに、テレビ中継が始まったことで劇的に変化を遂げた箱根駅伝を象徴する存在である。以後、順調に力を蓄え、初出場から6年目、1992年の第68回大会で初優勝を達成。2位を一度はさんで1994年、1995年と連覇を達成して一つの時代を築いた。

山梨学院大の成功に刺激を受けて駅伝の強化に乗り出した学校も多く、単に出場するということだけでなく、山梨学院が強豪校として名を連ねたことが、箱根駅伝が戦国の様相を呈したきっかけだったと言える。

さらにケニアからの留学生を受け入れ、戦力として育成したことも他校に影響を与えることになった。この流れは駅伝やマラソンだけでなく、後にバスケットボールなどにも波及していくことになり、日本のスポーツシーンを変えるほどのインパクトが

あった。

全国的にはほとんど知られていなかった山梨学院大の知名度が、天文学的にアップしたのは、このチームを作り上げた上田誠仁の存在を抜きにしては語れない。

上田は中学時代から陸上競技界のエリート中のエリートだった。香川県の善通寺東中学時代、2000メートルで5分43秒4という中学新記録を作った。その後、尽誠学園高に進み3年生の時のインターハイでは2位に入った。たった8人の部員で全国高校駅伝にも出場を果たし、高校卒業直前には別府大分毎日マラソンのハーフに出場、1時間4分15秒の高校新記録をマークしてもいる。

数々の勲章を手にした上田が大学の進学先に選んだのが順天堂大学だった。監督を務めていた澤木啓祐は、辛辣な調子で上田を勧誘したという。

「インターハイが終わって、日体大の岡野（章）先生、中央の西内（文夫）先生からお誘いをいただきました。ただ、順天堂の帖佐《ちょうさ》寛章先生は香川の三本松出身ということもあって、縁を感じてはいました。でも、最終的に決めたのは澤木先生の言葉が強烈だったからです。『身長が小さくて、中学から成績を残してきた選手が大学で活躍したためしがない。君が陸上界で生き残る道は、私の指導を受けることだけだ』って、ハッキリ言われました」

1年生にとっての残酷な正月

澤木には挑発された恰好だったが、順天堂大に入学した上田にはプライドがあった。入学直前にはハーフマラソンの高校新記録も出した。しかし入学してすぐ、座骨神経痛に見舞われ、練習量がガクッと落ちた。その分を取り戻そうとして夏に無理しながら走っていると身体の疲れだけでなく、気持ちまで萎えていった。秋になると焦りは加速した。「このままではまずい」と思ってもなかなか思い通りの練習が積めない。これでは箱根は走れないと半ばあきらめた気持ちになっていた。

12月14日、翌1978年箱根駅伝のメンバー発表があった。上田は、なんと10区のアンカーに指名された。

箱根までの3週間は気もそぞろで、自分の体が自分のものでないような気がしていた。それでも自分が箱根を走るんだという思いが上田を支えていた。

レース前日、付き添いの同級生・波多野宏美（北海道・北海道日大高）と一緒に予定表に従って行動し、遠征バッグに荷物を詰めた。その段になっても練習が身についていない、自分の中身はスカスカなのではないかという疑念は晴れなかった。

夜10時半、主将の田中登（宮崎・小林高）が上田の部屋にやってきた。先輩を見て上田は、「明日、頑張ります」と挨拶《あいさつ》をした。ところが主将のひと言が上田を凍りつかせた。

「お前は頑張らなくていいんだ。今、澤木先生から電話があって、走るのは波多野になったから」

はじめは冗談だと思った。冗談ではなかった。運命は逆転したのである。

自分が付き添いに回り、波多野をサポートする。波多野も複雑な心境だっただろう。気持ちのやり場はなかったが、公衆電話に向かい、実家の父に電話を入れた。

「今、外された」

その時、郷里の香川に電話をかけるのに投入した100円玉が、実家につながった瞬間、カチャンと落ちた音を、上田は今でも忘れられないという。

気持ちの整理がつかない理由はいくつかあって、それが交錯していた。まず、ギリギリになってメンバーから外されたというショック。

そしてもう一つは、澤木に対する思いだった。

「どうして、直接言ってくれなかったんだ！」

翌日はグッとこらえて付き添いの仕事をこなした。中継地点で波多野を送り出し、そして大手町に急行してゴール地点で同級生を迎えた。順天堂大学は日体大に次いで総合2位。こうして上田にとって初めての箱根駅伝は終わった。

翌日から4日間、陸上部は休みになった。

「とても田舎に帰れるような心境ではありませんでした。実は、父は私が子どものころ事故に遭って、2年ほど入院するような大ケガをしてしまったんです。それなのに大学まで行かせてもらって、俺は何をやってたんだろうという思いが強くて、泣けて泣けて、仕方がなかったです」

しかし、上田はこの時の経験があったからこそ、今の自分が形作られたと思っている。

「自分の『柱』になっている思い出です」

上田が反骨心を見せて頑張る。そうした効果を澤木は狙っていたのかもしれない。

澤木に対しては複雑な感情もあっただろう。しかし師を尊敬する気持ちには敬虔《けいけん》なものさえあった。澤木がコーチ留学でアメリカ・オレゴンに行くと、上田も春休みにオレゴンまでついて行ってしまった。

澤木が作り上げた順天堂大の強さを上田はこのように表現する。

「カミソリを作り上げていく感じ。トレーニング科学、生理学、そして医学。あらゆる理論を陸上に投入して、それを強さに結びつけていったのが澤木先生です。そういう理論だけではなく、人と接する部分、少数精鋭のチーム・ビルディングもものすごく上手だった。私にとって恩師である先生の『澤木イズム』を継承してやっていきたいと思っています」

澤木イズムの継承者は上田に限らない。中央学院大を指導する川崎勇二、順天堂大の仲村明らは澤木門下生だ。

1980年代は順天堂大が4連覇を含む6度の総合優勝を達成した時期。『澤木イズム』が最高潮に達した時期に教えを受けた選手たちが、指導者としての道を歩んでいるのが興味深い。

上田は継承者の中で最初に箱根の優勝を達成した教え子になる。

「澤木先生は面白かったですねえ。いいアイデアを思いつくと、すぐにプランを変更するから『朝令暮改』じゃなくて、選手たちは『朝令即改』と言ってたほど（笑）、柔軟性がありました。いいものには貪欲でしたね。師を超えることは決してできません。でも、今も『澤木先生は何を考えていたんだろう？』と思う時があります。いつまでも澤木先生からは学ぶことばかりです」

メンバーから外された翌年は、何が何でも箱根を走る気でいた。走れなかった悔しさが上田を強くしていったのは間違いなかった。

「体は小さいし、足は短いし、筋肉が固いので筋トレをやったり、起伏の激しいところ、クロスカントリーを結構走ったりしました。そうしなければ自分で生き抜いていくことができないと思ってましたから。２年生では５区に指名されて、自分としては箱根に忘れ物を取りに行く感じでした」

１９７９年の第55回大会は、２区で早大の瀬古利彦がトップに立つと、５区への中継点まで早大がリードを保ったが、順天堂大は４区の川口晴実（青森・八戸商高）が急追し、わずか９秒差と背中が見える位置にまで追い上げて上田にタスキを渡した。

私はこの時、ＮＨＫのラジオ放送をかじりつくようにして聴いていた。早稲田・甲斐、順天堂・上田の名前が幾度となくアナウンスされ、上田はあっさりと甲斐を抜き、トップに立った。並ぶ間もなかったと記憶する。上田は日体大のエース格、新宅雅也（広島・西条農高）を抑えて区間賞獲得。往路優勝した順天堂大は復路で淡々とトップを守り、優勝を遂げた。5区で逆転した上田は優勝の立て役者となったのだ。

この走りで山登りのスペシャリストであることを証明した上田は3年でも区間賞（総合2位）、4年では区間賞こそ日体大の大塚正美（茨城・水戸工高）に譲ったが、自身にとっては2回目の総合優勝を経験する。

そして1981年3月に大学を卒業し、故郷の香川に戻って、三豊《みとよ》工高、本島《ほんじま》中の教員となった。教壇に立つようになってからも現役生活を続け、1984年の日本選手権5000メートルでは2位。優勝していれば、ロサンゼルス・オリンピックの代表になっていたかもしれないレースである。

そして1985年、上田の人生は大きく舵を切る。

山梨学院大へ

学生時代の思い出に関して、上田の言葉はどちらかといえばカラッとしていた。淡泊と言ってもよかった。やはりというか、監督となってからの様々な経験を話す時の方が熱がこもっていた。

上田が山梨学院大学・陸上競技部の監督に就任したのは1985年のことだった。

「東日本30キロロードレースに出場して、帰ろうかなと思っていたら澤木先生に、『上田、ちょっと待ってろ』と声をかけられたんです。結構待った記憶があるんですが、澤木先生がいらっしゃって、ビールとつまみを買って新幹線に乗り込みました。そうしたら澤木先生が『上田、山梨学院の監督をやってみないか』というんです。山梨学院？　最初はピンとこなかった。それまで山梨から連想するものといったら甲府、甲府と言えば武田信玄とその程度でした。でも、山梨学院大が関東学連に加盟しているから箱根を目指せると聞いて、関東にあるんだと初めて認識したくらいです」

心は動いた。しかし縁もゆかりもない土地に行くことには迷いを覚えたし、大学を卒業してから上田家の長男としてせっかく地元に帰ったのにという思いもあった。周囲に相談しても、「よせ。新興チームが箱根に出られるわけがないだろ」というアドバイスを寄せる人もいた。

しかし上田は単純に「やりたい」と思った。陸上が好きだったし、教えることが好きだった。なんといっても関東学生陸上競技連盟に加盟しているのは魅力的だった。

「箱根に出られるかもしれんなあ……と思いましたよ。そう考えたら出場できる可能性があること自体に意義があるんじゃないかと思って」

上田は自分の夢に素直になり、未知の仕事を引き受けた。

4年以内に箱根に出よう。それがまず最初の目標だった。

のちに上田が知ることになったのは、山梨学院大のバックアップ態勢が整っていたことだ。学長がスポーツを文化としてとらえ、カレッジスポーツの強化に本腰を入れ始めた時期で、学校の経営戦略の一環として陸上競技の強化に乗り出していた。

また、1959年から1962年まで東京農大の選手として箱根を走り、卒業後はホテルの経営にたずさわっていた秋山勉が山梨に陸上競技の根を張るために様々な活動をしていたこともプラスになった。秋山の経営するホテルには多くのチームが合宿で訪れ、順天堂大、中大、早大などの学校も逗留《とうりゅう》していた。秋山は陸上に魅せられた男で、山梨の地で陸上の花を咲かせるためのバックアップは惜しまず、上田の強力な支援者となった。

「天の利、地の利、すべてが味方してくれた時期に山梨学院にお世話になることになったんです。学校だけではなく、山梨県全体が声援をくれるような状態でした」

各大学が箱根駅伝の強化に力を入れるのに先んじて本腰を入れたことが、山梨学院大にとって大きなアドバンテージになった。まだ日本テレビの中継が始まっていない時期に、長距離の強化に乗り出す学校はなかった。先見の明があったのだ。

上田のもくろみよりも早く、監督に就任して2年目、早くも1987年の第63回大会に山梨学院は初出場を果たし、6年目には初優勝。山梨学院は一気に頂上まで駆け上がってしまった。選手として、そして監督として上田は優勝を経験した。しかしその感触は、まったく違った肌触りをしていた。

「質の違いがありますね。選手として優勝を経験すること、これは選手としての充足感を満足させてくれます。ところが監督になると、いろいろな人たちに支えられて優勝できたこと、そのことへの感謝が先に立ちます。だから翌年に2位になった時は、みなさんに対してお役に立てなくてすみませんという気持ちになりました。2度目の優勝は1994年でしたが、この時のアンカーは2年生の尾方（剛・広島・熊野高）でした。その時、選手たちに胴上げをしてもらった時の感触が忘れられない。胴上げって華やかなセレモニーの感じがありますが、実は選手たちの手の感触を背中に強く感じて、あ、この手があったから優勝できたんだ。胴上げって、みんなに感謝する儀式なんじゃないか——そう思ったんですよ」

ケニア人留学生の受け入れ

山梨学院が大きくブレイクしたきっかけとなったのは、1988年にオツオリとイセナというふたりのケニア人留学生を受け入れたことだろう。

初出場した1987年には15位、1988年には11位とシード権が獲得できなかった山梨学院だったが、1989年の大会では2区に起用されたオツオリが区間賞の走りを見せ、トップでタスキを渡したのである。この貯金を最後まで生かした山梨学院は7位に入り、初めてシード権を確保した。山梨学院の歴史が動いた瞬間である。

そして1992年、2区・オツオリ、3区・イセナを配した山梨学院は総合で初優勝を達成したわけだ。オツオリが区間2位、イセナが区間1位の走りを見せたことが大きかった。

以後、山梨学院はケニアからの留学生を恒常的に受け入れてきた。

・マヤカ（１９９３年～１９９６年）
・ワチーラ（１９９６年～１９９９年）
・カリウキ（２０００年～２００３年）
・モカンバ（２００２年～２００５年）
・モグス（２００６年～２００９年）
・コスマス（２０１０年～２０１２年）
・オムワンバ（２０１３年～）

いずれも箱根を彩るランナーになったわけだが、留学生の受け入れが軌道に乗ったのは、オツオリがまじめに陸上に取り組んだことが大きかったという。

「オツオリを成田空港に迎えに行った日のことをよく覚えています。私に会うや否や、『日本でこれから頑張っていくために、何かアドバイスをお願いします。記念すべきファーストアドバイスだから、しっかり守ります』。オツオリはそう言ったんです。どうやらケニアの指導者の方から、『日本に着いたら、大学のコーチに最初にかけてもらった言葉を胸に刻んで頑張るように』と言われていたらしいんです。陸上競

技だけでなく、生活全般のことも含めて。それで私はこう言った。『誰よりも強くなりたいのならば、少しでも早くグラウンドに出てきて、体の準備をして、時間の許す限りプラスアルファのトレーニングをして帰りなさい』」

オツオリは上田の言葉を忠実に守った。当時は朝練習の集合時間は6時半だったが、その時間にオツオリはすでに汗をかいていた。誰よりも早く起きてアップを済ませていたのである。その姿に刺激を受けた選手たちが集合時間の前にグラウンドに来るようになり、数ヵ月後には6時に全員がスタートを切れる状態になっていた。

オツオリは行動でリーダーシップを示したのである。

「彼の行動が山梨学院にとって大きな財産になったんです」

オツオリの後にはマヤカが続き、1994年、1995年と連覇を達成する。しかし、外国人留学生を擁した強い山梨学院に対しては様々な意見があった。

「賞賛も非難も両方ありました。当然、『留学生がいたから勝てたんじゃないか』という意見も耳に入ってきます。しかし忘れてほしくないのは、オツオリやマヤカがチームの中に『ひとつの風』を起こしたということなんです。彼らの存在が日本人の選手たちに刺激を与え、みんなが強く

山梨学院の美しいグラウンドにて。合同練習をするモグス選手（中央）と早大・竹澤選手（左）に檄を飛ばす上田監督

なっていった」

正直に書けば、私は箱根駅伝に限らず、学生スポーツでは基本的に外国人選手の受け入れには反対の立場をとってきた。

しかし今回の取材を通じ、こと大学生の長距離界にとって山梨学院がケニアからの留学生を迎え入れたことは、大きなプラスに働いていると実感した。

早稲田大学・渡辺康幸の章でも紹介したが、渡辺は同級生のマヤカと競り合うことで実力を伸ばし、世界と戦う準備段階とした。

そして竹澤健介は高校時代からモ

グスと競り合うことで、具体的に世界と戦うことのイメージができ、しかも北京オリンピックの前には合同練習まで行っていた。

山梨学院に吹いた一陣の風は、学生陸上界全体にも伝わっていたのである。

ケニアからやってきた選手たちは、日本の選手にとって「世界への窓」となったのだ。この功績は認めるべきだし、単なる感情から発した否定論は慎まなければいけない。竹澤は、「自分たちの世代にモグちゃん（モグスは友人の間ではこう呼ばれている）がいなければ、自分は今のレベルには達していなかったと思います」と話すほどだ。

山梨学院のほかにも留学生を受け入れた大学はあった。その中で最も留学生がチームになじんでいるのは山梨学院であることも間違いない。オツオリの影響も大きかっただろう。そして、受け入れる側のマインドが違うのも一つの理由ではないか。

「留学生なので、『交流』の部分を忘れてはいけないと思うんです。あくまで学生のひとりとして接することが大切じゃないでしょうか」

山梨学院が学生としてケニアからの留学生を受け入れる限り、学生陸上競技界にはプラスに働くだろう。

山梨学院に大きな足跡を残したオツオリは、２００３年からは日本の重川材木店のコーチなどを務め、チームを2006年のニューイヤー駅伝出場に導いた。
しかし2006年8月30日、一時帰国中のケニアで交通事故に遭い、他界した。
37歳だった。

苦渋の決断――棄権

ケニアからの留学生が存在感を示し続けているのが山梨学院の特徴だが、もう一つ、忘れられないレースがある。1996年、4区で中村祐二（3年・熊本・球磨農高）が故障のため、棄権に追い込まれてしまった時のことだ。

1区で15位スタートと出遅れた山梨学院は2区でマヤカが9位まで押し上げ、3区で中馬大輔（2年・兵庫・報徳学園高）が区間2位の走りで3位にまで順位を上げていた。そして4区で待っていたのが中村で、実業団での経験もある中村は箱根を走りたい一心で山梨学院に入学してきた。

1995年のスウェーデン・イェーテボリで行われた世界選手権のマラソンの代表にもなった中村はモノが違った。1年生で3区、2年生では1区を走り、ともに区間賞を獲得している。その中村が走り出してからすぐにアキレス腱を痛め、満足に走れる状態ではなくなってしまった。

「中村が立ち止まって、私が声をかけて……。周りのみんなが私たちのことを見ている。まるで、金魚鉢の中に入っているような感覚でした。レース前はなんとか行けるだろう——正直、そう思っていました。走れなくなってしまうことは想像していませんでした。スタートしてすぐに異変に気づきましたし、走れない状況になった時に、すぐにやめさせなければならないとも思いました。でも、中村はチームのために走らなければという思いもあって、それとどう折り合いをつけるのか、難しかった。現実的には止まってしまったことで、後続の車が大渋滞を起こしているという問題もあり、選手だけでなく、そういった面でのプレッシャーもありましたし、つらいけれども最終的には棄権の判断を下しました」

テレビは延々、上田が棄権を判断するまでの状況を映し続けた。それは上田にとって厳しい現実だった。

「メディアを通してしか、スポーツの素晴らしい瞬間は世界に伝わりません。でも、あの時は残酷な面もまた、メディアは伝えるんだということを実感しました。しかもそれをさらし続けなければいけなかった。つらかったです」

　上田と中村にとって幸いだったのは、中村にはあと1年、大学生活が残っていたことだった。しかし箱根を棄権したことは選手にとってのトラウマになりかねなかった。そのメンタル面でのケアも翌年の上田の仕事になった。

「彼の中にはかなりのストレスがあったと思います。精神的に追い込まれたでしょうし、1年間、背負っていくのは大変だったと思う。水泳やトレッドミル、地道なリハビリを続けて、彼は選手として戻ってきました」

　1997年、中村は2区に起用された。中村は区間賞を獲得し、首位を走った。

「彼が2区を走った時は感動的なものがありました。向かい風を切りながらトップに出て、グイグイと進んでいった。お母さんが、息子さんが最後の箱根を走る姿を見て、すがるようにして泣いていました。レースが終わってから澤木先生が、『中村はすごい選手だな』といってくださいました。私としては重い、重い一年でしたが、逆に最後の一年を残しておいてくれてありがとう、という感謝の気持ちでいっぱいでした。中村もよく頑張ったと思いますね、あの一年は」

　箱根駅伝は華やかだ。しかしその半面、重い十字架を背負うこともある。

競争が激化した今、山梨学院は……

ここ10年ほど、山梨学院大の成績はアップダウンを繰り返している。

2004年　12位
2005年　14位
2006年　2位
2007年　12位
2008年　6位
2009年　6位
2010年　3位
2011年　12位
2012年　9位
2013年　11位

成績は乱高下と言ってもよく、どうも安定しない。昨今の競争が激しい箱根駅伝では少しでもミスがあれば、順位に跳ね返ってきてしまう。上田も悩みを抱えながら指導にあたった時期もあった。

「このままじゃダメだ。根本から立て直そうと考えた時期もありました。しかも箱根駅伝が大きな影響力を持つようになって、大学の経営面、あるいはOBやファンの方々にとっても大きな意味合いを含むようになってきました。当然、現場で強化を担当している人間としてはプレッシャーは感じます。結果を残さなければいけないし、現実を突きつけられますから。ただしプロではなくて、あくまで学生スポーツですから、選手に対する『教育』の面を忘れてはいけないと思うんです。単発で強くなればそれでいい、というわけではないですから」

上田は学生スポーツにたずさわっていることを片時も忘れないようにしたいという。

「大学の4年間という大切な時間を一緒に過ごすのはまぎれもない事実です。そして、接し方によって正や負、いろいろな影響が学生に伝わっていく。私としては貴重な時間をともに過ごせることを誇りに思いたい。学生スポーツはプロではありませんから、学生らしさを追求していきたい」

山梨学院大学の卒業生の活躍も目立っている。尾方剛（中国電力）、大崎悟史（NTT西日本関西）らは上田の薫陶を受け、日本を代表する選手へと成長していった。

「オリンピック選手を育てることができたのは、私だけでなく、現役の選手たちにとってもいい目標になってますし、山梨学院にとっては財産になりましたね」

その一方で、箱根を巡っては競争が激化し、思ったようなチーム作りができなくなっているのも事実だ。名門・日本大学が留学生を受け入れるなど、外国からの留学生を起用することのアドバンテージも薄くなってしまった。

「学生をリクルートするのはなかなか難しくなってきました。東京六大学の学校も力を入れ始めて、欲しいなと思う選手がいても東京の大学へ進みたがることが多いので苦戦しています。ウチは99敗です。私としては熱意を伝えて、選手から信頼を得るしかないですね。とにかくひと筋縄ではいかない状況で、全国各地を足でまわらないといけない。ひとりでは人手が足りなくて、コーチ、マネージャーと役割を分担する必要があります。ただ、現場の指導よりもリクルーティングの比重の方が高くなってしまったらダメだと思ってるんです。預かった選手たちをしっかりと育てるのが私の仕事ですから」

山梨学院大のグラウンドは山に囲まれ、空気は澄んでいる。まるでアメリカの大学のグラウンドにいるようだった。20年以上前、まったく知らない土地にやってきた上田誠仁は、熱意をもって山梨学院大を強豪へと育てた。情熱は薄れていない。

「指導者としては、毎年毎年、個性の違う選手たちと一年間かけて、作品をつむぎだす感覚でしょうか」

山梨学院大の存在意義

2013年の箱根では11位と惜しくもシード権獲得はならなかったが、山梨学院大の新しい「色合い」が見えてきたシーズンでもあった。2区を走ったオムワンバ(1年・ケニア・ナイクル高)が区間2位、そして井上大仁(2年・長崎・鎮西学院高)がエース級がそろった3区で区間7位の好走で、来年以降につながる走りを見せたからだ。

新たな留学生、オムワンバはもともとは中距離の選手。本人が「長い距離は嫌いです。5000メートルがギリギリ、箱根のような20キロを超えるような距離を走るのは、苦しいね」というほどだが、上田は全日本大学駅伝などをうまくステップとして使い、花の2区に即戦力として育て、実際に結果を残した。

「オムワンバを見ていると、改めて真面目な選手の重要性を痛感します。本人が強くなりたいという気持ちがあってこそ、記録が伸びていく。オムワンバにはその意欲があります。それにつられるようにして、井上がいい走りをします。なにもレースだけじゃない、朝練習の段階から、井上はオムワンバを負かしに行ってる。その姿勢が大切なんですよ。せっかく強いライバルがチームのなかにいるんだから、それを利用しない手はない。いま、オムワンバと井上はいい形で競り合うようになってきました」

つまり、山梨学院大の「色合い」とは、圧倒的なスピードを持つケニアからの留学生を中心として、その選手がどんなキャラクターを持っているかで大きく変わってくるのだ。自分だけが強くなりたいのか。それだけではなく、周りの選手たちを刺激して一緒に強くなっていく、そんな影響力を発揮できるのか。日本人の選手たちも受け身ではいけない。留学生に刺激を与えられるようになれば、自分も強くなれるだけでなく、チーム全体の底上げにもつながっていく。

ただし、留学生に勝とうと意欲を持つのは、並大抵のことではない。日本のトップクラスの選手たちでさえ、ケニア出身の選手を打ち負かすのは、たとえば11月に行われる国際千葉駅伝を見ても明らかだ。高校を出て、大学に入ったばかりの選手が留学生とは大きな隔たりを感じるのは当たり前の話なのである。そこで、日本人の選手たちがどんな目標設定が立てられるかがポイントである。

上田は、そんなガッツのある選手が好きだし、常に求めている。

自分から強くなりたい意欲のある選手を導くのは、上田の得意とするところだ。

「すぐに強くならなくてもいいんです。基本的に山梨学院大の特徴は、4年という歳月をかけて選手を強くしていくというスタンスです。1年生から箱根を走れるような選手は特別な存在。2年で出てきたら、上級生になった時に十分に区間上位で戦える素質を持った選手です。ウチの特徴は、3年生、4年生になって十分な練習を積み上げてきて、しっかりと走れる選手を作ること。ひたむきに努力ができる選手には向いていると思います」

スピード化した箱根駅伝だが、山梨学院大のようにじっくりとした育成方針を持つ学校があることを忘れてはならない。留学生の陰に隠れてはいるが、そこに上田の指導哲学の根幹があるからだ。

山梨学院大学

過去の箱根駅伝成績
（初出場以降）

回	年	総合	往路	復路
63	87年	15位	15位	13位
64	88年	11位	8位	13位
65	89年	7位	4位	12位
66	90年	4位	2位	5位
67	91年	2位	5位	3位
68	92年	優勝	優勝	2位
69	93年	2位	2位	2位
70	94年	優勝	優勝	優勝
71	95年	優勝	2位	2位
72	96年	途中棄権		
73	97年	2位	5位	3位
74	98年	3位	4位	3位
75	99年	6位	8位	3位
76	00年	9位	12位	8位
77	01年	9位	7位	11位
78	02年	9位	8位	9位
79	03年	2位	優勝	3位
80	04年	12位	11位	15位
81	05年	14位	8位	17位
82	06年	2位	4位	6位
83	07年	12位	9位	12位
84	08年	6位	3位	14位
85	09年	6位	5位	11位
86	10年	3位	2位	7位
87	11年	12位	13位	9位
88	12年	9位	6位	14位
89	13年	11位	11位	11位

第6章

粘って粘って粘りぬく
それが神奈川大のスタイルです

大後栄治

神奈川大学
陸上競技部　監督

PROFILE

だいご・えいじ　1964年東京都生まれ。神奈川大学人間科学部教授、陸上競技部監督。東京・日体荏原高から'83年に日体大進学、主務として駅伝強化の現場に参画。'89年に日体大大学院を修了後、神奈川大学のコーチに就任。'97年、'98年と箱根駅伝を連覇。趣味は「あまりないんです」と言いながらも研究室の書棚には専門のコーチ学の書籍のほか、東野圭吾のミステリー小説などが並ぶ。監督仲間でゴルフに行くこともあり、平均スコアは90ほど。「でも暇な時間が多いと不安になります。仕事が入っていた方が落ちつく典型的な日本人です」

監督・大後栄治の軌跡

スター選手はいない。

しかし20キロという長い距離を走る選手たちは、一様に落ちつき払い、淡々と距離を踏んでいった。1990年代中盤、神奈川大学は箱根に確かな足跡を残した。

もともと神奈川大学は箱根駅伝とのかかわりが深い大学だ。戦前から1949年までは横浜専門学校として出場、翌年の1950年、昭和25年の第26回大会からは校名が神奈川大となり、1960年までは連続出場。ただし1951年の7位が最高位で、以後は出場することもまばらになり、1974年の第50回記念大会を最後にしばらく箱根からは遠ざかっていた。

しかし1987年に日本テレビが中継を始めた年の4月、大学側は長距離選手を対象とした推薦枠を設けた。大学の経営戦略の一部に箱根の強化が組み込まれたわけである。

そして大学院を修了したばかりの大後栄治が神奈川大学にやってきたのだった。

大後は1964年、東京オリンピックが開催された年に生まれた。東京・日体荏原高校で陸上に取り組んだこともあって、日体大に進学し、箱根を走るのが夢だった。ちょうど高校3年の1983年、箱根での日体大の活躍を間近で見るチャンスに恵まれた。当時の日体大はまさに黄金時代。2区に大塚正美（4年・茨城・水戸工高）、6区に山下りのスペシャリストで後にマラソンの五輪代表となる谷口浩美（4年・宮崎・小林高）が走る豪華布陣。2位早大に6分以上の大差をつけて総合優勝を果たした。

4月、大後は日体大の大学生となった。しかし陸上部は想像をはるかに超えた規模、レベルを誇っていた。

「当時の陸上部員は全部で700人いました。それも箱根を狙う長距離部員だけでも130人もいたんです。実際には体育の先生になろうと日体大に入ってくる部員もいますし、実力差はあるんですが、練習はグループ別に行われていてトップのAが20人、Bが30人、Cも30人。Dには40人くらいいたかな」

日体大の陸上部には全国からよりすぐりのエリートがそろっていた。日本各地の高校には陸上部のOBが赴任し、強力なリクルーティング網を形成していた時期である。地方の教員のステータスが高いことも日体大にはプラスに働いていた。

しかし、裏を返せば部内の生存競争は激しかった。スポーツは素質と技術を競う。その中でも陸上は持って生まれた素質が成績を大きく左右する。インターハイに出場経験を持つランナーでさえも、自分より強く、速い選手がいるという現実を直視せざるをえなくなるのが日体大の陸上部だった。大後もそのうちのひとりだった。

「Aチームの中でもトップの10人に入るというのは、これは本当にすごい世界です。もともと才能のある選手たちが切磋琢磨してどんどん強くなっていく。この事実に入部早々、誰もが気づくわけです。最初は頑張りましたよ。練習しなければ強くなれないので、無理に練習をする。そうするとどうなるか。持病が出てくるんです。私の場合は腰を痛めていたこともあって、練習ができなくなる時期がどうしても出てくる。そうなると、なんのために入部したんだろうと悶々としてしまうんですね。そうした厳しい競争社会の中で、陸上にたずさわっていたいという自分の夢を実現するためには、『計算』を働かさなければいけない。私は1年生の秋に決断を迫られました」

大後に「マネージャーにならないか」という話が持ち込まれた。それは選手として箱根を走れなくなることを意味する。しかし大後は発想を転換する。

「日本一のクラブで、その頭脳を見てみよう。選手を続けるよりも、スタッフとして駅伝を支えた方が、指導者として将来的にプラスになるかもしれないと考えたんです。それが、自分がこのクラブで生きていく道なんじゃないかと思って」

とりあえずはマネージャーを兼務することにして、持病の椎間板ヘルニアが悪化した2年からはマネージャーに専念するようになった。

「箱根を勉強したい。そう思う気持ちが強かった」

これが箱根駅伝・優勝監督、大後栄治の誕生につながっていく。

主務部屋の宝物

実は大後が入学した時期は、日体大の長距離ブロックは大きな転換点を迎えていた。それまで黄金時代を築いた岡野章が監督を退き、基本的には学生が主体となって部を運営しなければならなかった。指導者の不在——その環境が大後だけでなく、この時期に日体大で学んだ学生たちが数多く指導者となっていく「礎」となった。

学生のほうも、監督不在を嘆くことはまったくなかった。むしろ、その状況を自分のプラスにしてやろうという「したたかさ」が当時の日体大の学生にはあった。「計算」という言葉を使った大後にも、大所帯の中で居場所を確保するというしたたかな目論見が働いていたとみるべきだろう。

「当時の日体大の学生は自立心を持っている人間が多かったと思います。下級生の時でも頭から押さえつけられて練習をしているということはなかったですね。ある意味、自由放任。監督がいないということは、逆に見れば練習で何をしてもいいと思う人間も出てくる（笑）。部全体にも自由な発想をつぶそうという雰囲気はまったくなくて、その中から個性が育ってきたような気がします」

猛者《もさ》たちに囲まれて、大後はマネージャーとして本格的に駅伝強化の現場にのめりこんでいく。特に「主務室」は大後から見れば宝の山だった。

箱根駅伝を戦う場合、主務の役割は極めて重い。単に部運営のための雑務をこなすだけではなく、強化のためのスケジュール作りや戦略作り、部全体のマネジメントをしなければならない。岡野の去った後の日体大からは多くの資料が散逸していたが（それがその後の低迷の一因とみることもできる）、それでもまだ箱根駅伝に向けてどんな準備をしていったらいいのか、そのための資料が残されていた。

「その資料の価値ですか——。私にとってはそれが監督になってからの基準になりましたね。日体大が培ってきた箱根駅伝に対するノウハウは、ある時期までは確実に通用していました。私自身は資料から発想を膨らませて神奈川大学の指導にあたったんです」

その資料とはいったい、どんなものだったのか。大後は、こう言った。

「エッセンス。勝つためのエッセンスがそこには詰まっていました」

10区間の戦略の立て方、優勝するために必要な練習をどう計画していくべきなのか。コンピュータはおろか、ワープロさえない時代、手書きの資料からは優勝への執念や迫力が伝わってきた。

大後がもっとも驚いたのは、東京〜箱根に至るおよそ216キロにわたる全行程が「手作業」によって計測され、しかも各大会ごとに計測ラップが資料に残されていたことだった。

「216キロをどうやって計測するか、分かりますか？」

素人にはまったく想像もつかない。車でも使うのだろうか。

「違うんです。交通量の少なくなった夜の11時過ぎから、50メートルのワイヤーを使って、本当に50メートルごとに距離を計測していくんです。その繰り返しですよ。途中、どこまで計ったか忘れてしまうこともあったりして（笑）。それに日体大が先進的だったのは1キロごとのラップをすべて計っていたことでしょうね。今でこそそんなことは当たり前ですが、当時はテレビ中継もないし、計測するのは手間のかかることだし、人手が必要だったはずなんです。主務室にあった資料は本当に宝の山で、選手の5000メートル、1万メートルの記録と箱根の走りの関係性や、区間ごとの理想的なペース配分なんかも読み解いていくことができたんです」

大後はその資料をコピーではなく、手書きで書き写していった。コピー機がまだ一般的ではない時代だった。日体大のノウハウは、大後の財産になっていく。

特に4年生で迎えた1987年の第63回大会に向けては、とにかく働いた。練習だけでなく高校生の勧誘も大後の仕事で、選手の実家に出向き、寮費などの金銭面での折衝も行った。大学生が大人と一緒の仕事をしていたのだ。

トレーニングも同級生で主将を務める仲西浩（兵庫・西脇工高）とともに練習メニューを立案していった。仲西はスピード練習を重視したが、大後は長い距離を走ることを積極的に主張した。大後の頭の中には、日ごろから距離走をこなしていないと、箱根の20キロは走れないという考えがあった。

実はこの発想こそ、後に神奈川大を優勝に導く大後の練習哲学そのものだった。監督としての土台は日体大時代に築かれたと見ていいだろう。

この年は箱根のレース直前に仲西のケガがあり、往路優勝したものの復路で貯金を使い果たし、順天堂大に次ぐ総合2位。控え選手へのケアが薄かったことは大後も認めるところで、「学生ではそこまで気がまわらなかった」と話す。

それに学生がメンバーを選考することも部内での軋轢《あつれき》を招いた。監督が言ってくれるのなら納得する学生も、同級生に選んでもらえなければ恨み節も出る。事実、大後には口をきいてもらえなくなった同級生がいた。

それでも学生主体で2位という結果を残せたのは強化の方向が間違っていなかったことを示している。

「充足感はありました。ただ、もう少しで優勝できたんじゃないか……そういう思いが強かったのも確かです。ここで駅伝との関わりを断ってしまうのはもったいないという気持ちが芽生えたんですね。もし、優勝していたら満足して足を洗っていたのかもしれませんが」

大学卒業後は教員になるつもりだった大後は、川崎市の教員採用試験を受け、一次試験は合格。しかし指導者として本格的に陸上に携わりたいという思いは捨てきれず、大後は二次試験を受けずその代わりに日体大の大学院の試験を受け、合格した。

そして大学院を修了した1989年、大後は神奈川大学で指導者としてのスタートを切った。

頂点を極めるまで

大後はコーチに就任し、学生たちにこんな話をした。

「3年で箱根に出られるようにする。自分の夢は大手町のゴールに、神奈川大学がトップで帰ってくることだ」

冗談だろう。選手は大後の言葉を真に受けなかった。当時は推薦で入学してくる選手でさえもインターハイに出場したような学生はおらず、一般学生も交じっており練習のレベルは決して高くなかった。大後の指導方針はじっくり焦らず、選手を鍛えていくものだった。

「私の場合、日体大に入学した年に岡野先生がいなくなったこともあり、日体大で指導者に教わっていないので、ある意味、自己流ですよ。結局、主務室にあった資料から発想を膨らませていくしかなかったんです」

大後は選手に対する公約通り、指導にあたって3年目で予選会を通過、神奈川大学にとっては実に18年ぶりとなる本戦に駒を進めることができた。

復帰となった１９９２年の第68回大会では14位だったが、１９９３年には8位となりシード権を獲得。以後、１９９４年・7位、１９９５年・6位と着実に順位を上げていった。

優勝を狙える陣容がそろったのは１９９６年である。大後が神奈川大にやってきてから7年目を迎えていた。練習での負荷は大きくなったが、選手はついてきた。レベルがアップしている証拠で、区間賞を狙える選手も育ってきた。

ところが――。４区で高嶋康司（2年・神奈川・山北高）が走り出してから疲労骨折に見舞われてしまう。神奈川大、棄権。

「もし、タスキがつながっていれば面白い展開にはなったと思います。でも、今振り返ってみても、この棄権が自分にとって『最高の教科書』になった。あるいは箱根駅伝に携わる人間にとっての、課題というか。レースが終わってからもいろいろなことを考えました。『勝ち負け』は単純なものではない。つかみどころのないものだし、人に対して無情なんだなと。指導者としては最悪の状況を想定した上で準備していかないと、予想もつかない結果が待っている。これは棄権を経験しなければ分からなかった」

個人的には、もし神奈川大が棄権していなければ、この年の大会で十分に優勝に絡んでいた可能性があったと思う。実際に総合成績が残らないというモチベーションが下がる状況にもかかわらず、復路では2位の好タイムをマークしている。

大後には高嶋選手の異変を事前に察知することができなかったのだろうか？

「生島さん、誰もが分かることで判断できるのだったら、誰も失敗はしないでしょう。選手は走りたい、だから調子が悪ければそれを隠すものなんです。監督も、苦しい状況ですから、選手にすがりつきたくなる。それが実績のある選手だったら、希望的観測を持ってしまうんです。なんとかしてくれるんじゃないかという……」

箱根を前にして調子の悪い選手は、監督の前では隠してはいても、どこかにSOS

研究室の書棚には多数の書物が並ぶ

のサインを出すという。それがドクターであったり、トレーナーであったりするのだが、大後としてはそうした人たちとネットワークを形成し、情報収集していくしかないという。

手痛い棄権から大後は捲土重来を期す。「最高の教科書」を手にした大後は、翌1997年の第73回大会で大輪の花を咲かせる。

初優勝を手にしたのだ。前年、4区で無念の棄権に追い込まれた高嶋康司も9区で区間3位の好走を見せ、総合優勝に貢献した。

大後が神奈川大学に奉職してから8年が経っていた。

「意外なもので優勝した時の感情というのは、静かなものなんです。やった、という歓喜ではなくて、なんかこう——ホッとしたような——そんな感触の方が強かったですね。いまだになぜ優勝できたのかな……と思うくらいで」

神奈川大学は翌1998年には往路の5区で、4位でタスキを受け取った勝間信弥（1年・京都・洛南高）が先行する各校を逆転し優勝。復路も6区から8区まで区間賞の走りで差を広げ、往路、復路ともにトップという完全優勝を遂げ、連覇を達成した。無名の選手ばかりが集まってスタートしたチームが、箱根に一つの時代を築いたのである。

この時、4区を走った渡辺聡（3年・神奈川・光明相模原高）が大後にとっては思い出深い選手だという。

「渡辺は今まで見た選手の中で、一番たくましかった。1年と3年では区間トップで走っていますが、とにかく野性味があったし、ふてぶてしいところがあった。それがチーム内に伝わっていってケミストリー、選手同士で化学反応が起きていたと思うんです。それに比べると今の学生はおとなしい。まじめなんですけど、反骨心がない。そういう意味では物足りない部分がありますけど、我々が学生の時はハチャメチャでしたからね。新宿アルタの前で日体大名物の『エッサッサ』（日体大伝統の応援スタイル）をやったり、もう大変（笑）。でも、今そんなことをやったら大学に苦情が来て、学校側として謝罪に行かなくてはならない。私なんかは物足りないと思うけれど、仕方がないです。社会がおとなしい学生像を求めている気がします」

学生の気質は変わりつつある。まじめだがおとなしい学生たち。神奈川大学にやってきてから20年以上が経過したが、大後は教壇で「コーチ学」を学生に教えている。

「コーチという言葉の語源は『四輪馬車』のことで、本来の意味は『目的を持つ人を運ぶ』ということなんです。お客さんを目的地までお連れする。もちろん行き先はお客さんが決める。ですから、まず選手がどこを目指しているのかを聞いて、そこまで彼らを連れていくのが、本当の意味でのコーチの役割なんです」（神奈川大学ホームページより抜粋）

そこで大切になってくるのが具体的なコーチングのスキルである。大後は選手のモチベーションを上げるために様々な工夫を凝らしたという。

「こうしてインタビューにお答えしている私と、グラウンドで見る私は目つきが違うと思います。そう言われますから。選手に対して罵声を浴びせることも珍しくないですし、徹底して怒鳴ることもあります。ただ、『怒るタイミング』というものは難しい。それぞれの個人によって時機を見極めなければいけないですし、反対に徹底的に自信を持たせることが必要な時もあります」

連覇を経て、リスタートの時期

連覇を経験したことで、大後の交友は大きく広がった。箱根の優勝監督だから、大後の話を聞きたがる人がたくさんいたし、大後のほうにもいろいろな情報が入ってくるようになった。ところがそのことで、かえって大後には迷いが生まれていった。

「指導を始めてから優勝するまでは、自信がありました。指導にあたっての根拠というか、日体大の主務室にあった資料から発想を膨らませていって、誰に対しても『自分はこれでいきますから』という一貫性があったんです。ところが不思議なもので、優勝することでいろいろな情報が入ってくるようになる。実業団ではこんな練習をしているだとか、情報がインプットされていく。じゃあ、それを取り入れていこうとすると練習にブレが出てくるようになってしまった。変な話、『優勝なんてするもんじゃないな』と思ったことさえありました」

大後には優勝したことで、さらに上のレベルを目指そうという欲も芽生えていた。箱根の優勝だけでなく、トラックでの成績も伸ばしたい。それが練習でのハードワークへとつながっていった。

「上に、上にと目標を高くしていくと、どこかに落とし穴が待ってるんですね。私の場合、選手に休養をうまく与えることができなくなっていった。怖くて休ませられなかったんです。休むとそれを取り戻すのに倍の時間がかかると言われるでしょう？それをうのみにするわけじゃないんだけど、上を目指そうとすると、選手をもっと追い込まなくてはいけないんじゃないかと考えました。そうしていくうちに選手にケガが出てくる。身体の内部に疲労が蓄積されて、故障が発生する。そうなってから休養をとっても、遅い。結局は後手後手の対策になってしまって、落とし穴にはまってしまった。休養は計画的にしなければならない。当たり前のことなんですが、それを身をもって学びました」

連覇以後の成績は1999年・3位、2000年・8位、2001年・5位、2002年・6位と推移し、2003年には11位となりシード権を失ってしまう。その後も8位、10位、そして2006年からの3年間は16位、17位、15位と下位に低迷している。実はこの期間は大後が大学での仕事が忙しくなってきた時期と重なっているのだ。

現在、大後は2006年に新設された人間科学部の教授を務めているが、学部を新設するにあたり、カリキュラムの作成や多方面との折衝など、様々な仕事が入ってきた。

「とにかく、忙しかったですね。40歳を過ぎると、大学内での責任も出てきますから仕事と指導の両立が難しくなってきます。仕事が入ればリクルーティングにも支障が出ますし、現場での指導に行けないこともある。たぶん、大東大の青葉先生や、順天堂大の澤木先生も同じような苦労をされていたんだろうと想像するんですが、両立するしかない。2007年の秋からは時間をいただいて現場で選手を見る時間を増やしたんですが、それまでの3年間はスタッフにかなりの負担をかけてしまったし、失ったものは大きかった」

それまで安定した成績を残してきた神奈川大学が失速していった理由の一つが、大後の多忙ぶりにあったのではないか。

昨今は「駅伝監督」という契約を結んでいる指導者が多く、はっきり言って身分は不安定だ。しかし大後のように大学内で教授職にあると、経済的、社会的な安定度は高いが、その分、学内での仕事に忙殺される場合もあるわけだ。40代の働き盛り、このあたりのバランスをとるのが難しい。

「もう一度、現場を中心に、リスタートです」

「箱根では、それぞれの大学、監督のカラーが出るんです」

神奈川大が優勝してから15年の歳月が流れた。15年前はまだ、新たに強化に乗り出したチームが15年という時間をかければ優勝までたどりつくことができた。しかし群雄割拠の時代を迎え、競争は厳しさを増している。その状況を大後はどう見ているのか。

「昔と違うところは、注目度がまったく違うので、学生スポーツなんだけれども受け止めなければいけないプレッシャーは段違いです。メディアに対応する機会も増えていますし、そういう意味ではアメリカ型のカレッジスポーツに近いのかもしれません。そうした状況で競技に集中するのは大変だと思うけれども、見方を変えると、決してレベルが高いとはいえない大学生がそれだけの期待を背負って戦えるというのは羨ましくもある。その中で自分が『責任』というものをいかに果たしていくのかを学んでほしいと思います。これは選手に限った話ではなく、スタッフ、みんなを含めての話です。ただ、棄権が増えてきて、みんな期待を背負い込みすぎて、冷静さを失っているのでは？　という疑問も残ります。事前のケガだけではなく、実際に走り出してからのペースが早すぎたり、状況判断能力が衰えているのかなという気もするんです」

どの大学も結果を求める傾向にあり、そのプレッシャーは選手だけではなく、当然指導者にも向けられる。大後は現在の箱根の優劣が、現場での育成力よりも、リクルーティングのほうに比重が高まっていることを懸念している。

「指導者としての仕事の比重で言えば、リクルーティングと現場の指導は五分五分といったところでしょうか。高校生の段階で全体的なレベルが上がっていて、強い選手が進学する学校が箱根で上位に行く傾向は強くなっています。特にチーム内の上位3～4番目までの選手の力がそのまま順位に反映されてしまう。今は選手の量よりも質が求められる時代。だから『大駒』がいない大学が上位に入るのは難しくなっているのは確かなんです。ただ、リクルーティングの状況を嘆いても仕方がない。こればっかりは私と選手との出会いの時期の問題、運も左右しますから」

1990年代と比べると選手の質も変わってきた。問題は練習の段階から、総体的に選手が粘れなくなっていることだという。速いのだが、脆いのだ。

「以前に比べると練習量は少なくなっています。なぜかというと、選手の記録は上がっているんですが、耐久性がないんです。そうなるとじっくり走りこむことができない。それに昔に比べると、レースでどんな走りをするのか、なかなか予測がつかなくなってます。渡辺にはふてぶてしいところがあったとお話ししましたが、今の選手はメンタリティによって走りが左右されやすくなっているきらいはありますね。だから自分の予想より悪い状況でタスキを受けたりすると、心理的に動揺してそれが走りに影響してしまう。指導する側としては、そうしたものを超えられる強いもの、絶対的なものを授けないといけない。練習で相当追い込んで、どんな状況になっても平常心で走れるように仕込んでおくしかない」

レース前は選手のメンタリティを安定させるのに気を使うという。眠れない選手も出てくるし、直前になってきつい言葉を使うと逆効果になってしまう場合もある。

「2週間くらい前からは、なだめつつ、気を入れていく感じです」

大後の好みの選手は終始一貫している。練習の段階から長い距離を走れて、粘れること。練習以上のことはできないのだから、日々、粘っこい走りができる選手が好きなのだ。そして年間を通してコツコツと蓄えを積み上げていき、勝負をかける。スピードがある選手も必要だが、タフになるまでには多少、時間がかかる。それでも故障なしに練習を積めれば信頼できる選手に成長してくれるはずだ。

大後は取材の最中、選手を表現する時に、何度か「信頼」という言葉と「信用」という言葉を使い分けていた。本人も無意識のようだったが、二つの言葉のニュアンスの違いを説明してくれた。

「信用——この言葉は信頼に比べると、重みのある言葉ですね。根が生えているというイメージ。信用と比べると、信頼はちょっと頼りない面がありますね。期待したいんだけど、期待しきれない。アテにできないニュアンスが信頼という言葉にはあるかな。『信用できる選手』は、本当に信用できる選手のことでしょう」

リスタートの時期、大後ひとりだけでは限界があるので、コーチが指導に加わるようになった。ますますチームとしてのマネジメント体制が問われるようになってきた。委任しなければいけない仕事が増えた中で、どれだけ信用できる選手を育てられるのかがポイントになるのだろう。

２０１３年の大会を見ると、神奈川大に「新しい風」が吹いてきたことが実感できた。信用できる選手が育ちつつあるのだ。

往路は山登りで苦戦して18位と下位に甘んじたが、復路では7区を走った1年生の我那覇和真（東京・東京実高）が区間賞を獲得するなど健闘を見せ、復路では6位の成績を残した。総合順位では16位と目立ちはしなかったが、復路の選手たちの走りを見る限り、再びシード権争いに加わってきそうな気配が漂っている。

「山登りでは、ひょっとしたら『これは棄権も覚悟しないと』と思ったほどでしたが、なんとかタスキをつないでくれたことで、復路の走りが生まれましたね。我那覇はいい走りをしてくれたと思いますし、2区や3区で勝負できる選手が出てきてくれた。楽しみです」

復活のきっかけとなったのは、皮肉にも２０１０年の大会で予選落ちしてしまったことだった。大後が監督となってから、１９９２年以来の連続出場記録が途切れてしまった。学内からも「どうしたんだ？」という声が大後の耳にも入ってきた。

「本戦に出場できなかったことが転換点になったと思います。恥をしのんで、大学側に箱根駅伝の実情を伝え、これくらい時間やお金を投下しないと勝負できないという説明をしたんです。ありがたいことに大学側もバックアップを約束してくれました」

それから神奈川大を取りまく環境は大きく変わった。練習場には、他校も羨むようなクロスカントリーのコースが設けられ、練習メニューに変化をつけられるようになった。

「選手のフォームはたしかに変わってきました。ただ、クロカンコースを作ったからといって、即効性を期待してはいけないでしょう。数年かかって効果が現れるんじゃないですかね。その意味では楽しみが広がっています」

環境だけでなく、ここ数年は即戦力として期待できる選手も入学してくるようになった。我那覇をはじめ、往路のエース区間で勝負できる人材が育てば、シード権争いから上位を狙えるチームに変身していくはずだ。

向こう数年、神奈川大は注目に値するチームになる。


これからも箱根は人気を拡大しそうな勢いだが、大後は箱根に対して面白い見方をしていた。

箱根を走る学校にはそれぞれに役割があるというのだ。

「学校、監督のカラーというものが箱根には如実に反映されると思うんです。たとえばウチは早稲田の真似はできない。１９８０年代には瀬古（利彦）さんがいたように、大砲がグンと順位を上げていく。ウチはその路線を狙っていっても無理なんです。じゃあ、ウチは箱根で何を期待されているのか？　優勝回数を重ねていくことではなくて、『勝ち方』を見せることだと思います。真っ向勝負を挑みながら、隙間の区間をうまく埋めていく。例えば区間賞が獲れなくても、優勝できるチームを作る。後半の５キロを粘って、粘って、粘り抜いていく選手を育成していくことが大切で、雰囲気としてはカメの集団がのそのそ出ていって粘る。それが神奈川大のスタイルだと思ってるんです」

リスタートから、どこまで粘れるか。大後の挑戦は続いていく。

神奈川大学

過去の箱根駅伝成績
（初出場以降）

回	年	総合	往路	復路
17	36年	14位	13位	14位
18	37年	13位	12位	12位
19	38年	10位	12位	8位
20	39年	10位	9位	10位
21	40年	7位	7位	7位
22	43年	出場せず		
23	47年	出場せず		
24	48年	出場せず		
25	49年	11位	11位	11位
26	50年	14位	14位	13位
27	51年	7位	8位	7位
28	52年	10位	8位	10位
29	53年	10位	10位	11位
30	54年	11位	11位	11位
31	55年	11位	12位	12位
32	56年	12位	11位	11位
33	57年	15位	15位	14位
34	58年	14位	13位	14位
35	59年	15位	13位	16位
36	60年	15位	14位	15位
37	61年	出場せず		
38	62年	15位	15位	13位
39	63年	出場せず		
40	64年	出場せず		
41	65年	15位	15位	14位
42	66年	14位	14位	14位
43	67年	12位	14位	11位
44	68年	出場せず		
45	69年	出場せず		
46	70年	14位	14位	14位

回	年	総合	往路	復路
47	71年	出場せず		
48	72年	出場せず		
49	73年	出場せず		
50	74年	20位	20位	20位
51	75年	出場せず		
∫	∫	∫		
67	91年	出場せず		
68	92年	14位	15位	13位
69	93年	8位	6位	11位
70	94年	7位	9位	8位
71	95年	6位	7位	5位
72	96年	途中棄権		
73	97年	優勝	優勝	2位
74	98年	優勝	優勝	優勝
75	99年	3位	6位	2位
76	00年	8位	13位	4位
77	01年	5位	12位	3位
78	02年	6位	優勝	11位
79	03年	11位	8位	11位
80	04年	8位	7位	5位
81	05年	10位	10位	10位
82	06年	16位	10位	17位
83	07年	17位	17位	17位
84	08年	15位	19位	11位
85	09年	15位	16位	15位
86	10年	出場せず		
87	11年	15位	15位	14位
88	12年	15位	15位	17位
89	13年	16位	18位	6位

第７章

箱根駅伝は、私の研究領域の集大成

澤木啓祐
順天堂大学
陸上競技部　名誉総監督

PROFILE

さわき・けいすけ　1943年大阪府生まれ。日本陸上競技連盟専務理事、強化委員長、副会長を歴任。順天堂大学スポーツ健康科学部特任教授。大阪・春日丘高時代から高校生離れした走りを見せ、高校3年生では日本選手権の1500で2位に入る。順天堂大学に進学し、箱根駅伝は4年連続で2区を担当し、4年生時には順天堂大に初優勝をもたらす。'65年のユニバーシアード代表、'68年メキシコ、'72年ミュンヘン両オリンピックの代表。'73年から順天堂大学の指導にあたり、監督として総合優勝9回。医科学とスポーツの融合を促進した研究者であり、指導者である。

日本陸上界のプリンス、澤木啓祐

澤木啓祐こそは日本のエリートランナーとして選手生活を歩み、指導者となり、そして日本陸上競技連盟で要職をつとめてきた人物である。まさに日本陸上界のプリンスだ。

澤木は高校2年生のインターハイでは1500メートルと5000メートルの2冠に輝き、3年生の時の日本選手権では大学生、実業団の選手を相手に1500メートルで2位になっている。信じられない成績だ。

東京オリンピック出場を嘱望される選手のひとりとなった澤木は高校3年生のインターハイには出場せず、ヨーロッパに派遣された。陸上の先端理論、トレーニングを学ぼうという目的だった。合宿を行ったイタリアではドイツ、フランスが同じように合宿を張っていた。

「6週間、ヨーロッパを転戦しました。私としては日本ではなく、トラックで本格的に世界と勝負をしたいと思っていたので、貴重な経験になりましたよ。ヨーロッパで分かったことは、トレーニングとは集団で行うものではなく、個人別に行うものだということ。選手はひとりひとり、能力が違うわけだから、当たり前のことだったんだけれど、日本では集団での練習が奨励されていましたから。集団練習はトップの選手がメインになってしまって、下位の選手はどうなるんだという問題が出てくる。だから当然、選手個人とコーチが向き合うマン・ツー・マンが基本なわけです」

澤木は高校生にしてすでに日本の枠を超えていた。視線は世界を向いていた。折しも東京オリンピックを控えて、様々な分野の英知がスポーツに結集していった。「医科学、物理学、様々な学問の方々がスポーツの競技力向上に援軍として加わった時代です。知識を集積して『作品』を作ろうとしていたんです」

澤木は1962年、順天堂大学に入学するが、目標はオリンピックにあり、ことさら「箱根」に対する特別な意識はなかった。

「私は大阪の出身ですから、箱根駅伝のなんたるかもまったく知らずに入学してきた。私は学生時代、駅伝は箱根を4回走ったのと、卒業後、青東駅伝を2回走っただけじゃないかな？　ロードレースにもほとんど出ていないんです。私はトラックで国際的なランナーになることが目標でしたから、そのためには関節の可動域を大きくすることが重要で、整地を走っていても可動域は大きくなっていかない。不整地、つまりクロスカントリーのトレーニングの方が多かったですね。箱根駅伝というのも、冬季のロードレースの強化の一環という位置づけでしたし、箱根に対する考え方としては、条件さえ整えば、トラックのスピードをそのまま駅伝に持ち込めるだろうと考えていました」

澤木が学生時代を語る時の口調は淡々としたものである。高校時代からその名をとどろかせていた澤木は1年生からエース区間である2区を任される。戦績は次の通りだ。

1年…1963年…第39回大会
2区　区間3位（区間新記録）　総合5位
2年…1964年…第40回大会
2区　区間15位　総合5位
3年…1965年…第41回大会
2区　区間6位　総合3位

4年…1966年…第42回大会
2区　1位（区間新記録）　総合優勝

4年では主将を務め、青葉昌幸、宇佐美彰朗を擁する日大を破って、順天堂大学にとって箱根での初優勝をもたらした。

その後、澤木は1968年のメキシコ・オリンピック、1972年のミュンヘン・オリンピックと2度の五輪を経験する。

高校時代に始まった澤木と海外との縁は深い。一流ランナーだったから、海外を転戦することも多いし、そこで体験したことから考え、研究に生かし、競技にフィードバックしていく。取材していてもその能力が図抜けていることが分かる。

「1968年のメキシコ・オリンピックで、マラソンの君原健二さんが銀メダルを獲得しましたが、君原さん以外の長距離の選手は結果が残せなかった。なぜか？　ポイントはメキシコシティが酸素の薄い高地にあるということです。そうなると必然的に負荷強度が強くなる。なぜスピードが要求されるトラックの選手たちが結果を残せなかったのに、マラソンでは入賞できたのか。酸素の摂取量が少なくなることで、トラックの方が負荷強度が高くなる。それをどう考え、対策を立てるべきなのか。高地でのメニューをトレーニングに組み込んでいくことの重要性は、メキシコでの経験が大きかったわけです」

さらに澤木は1972年のミュンヘン・オリンピックを目指して、1969年から1970年にかけて、ドイツでトレーニングを積んだ。

「残念なことにドイツではアキレス腱を痛めて思うように走れなくなり、手術も受けました。こうしたケガ、故障の経験も後になって指導者としては役に立っていく。予防、リハビリ、そうしたことまで視野に入れて指導にあたれるようになりましたからね。要は自分が選手として経験したこと、やってきたことを指導者として生かすことになったわけです」

ちなみに指導者となってからも1979年から1980年にかけてアメリカ・オレゴンにコーチ留学し、スピードの重要性を認識し、それをさっそくトレーニングに持ち込んだ。

「要は何ごとも百聞は一見に如かず。聞くと見るとでは大違いですよ」

監督としてのスタート

澤木が赴任するまで、順天堂大学は日本陸連でも要職を歴任した帖佐寛章が指導にあたっており、澤木はそれを引き継ぐ形になった。

「順天堂大学の指導にあたるようになったのは、1973年のことです。それまで帖佐先生から『現役中は人の指導はするな』と言われていて、完全に現役を引退してから指導者になったというわけです。そしてその年、1973年の11月11日に私は結婚式を挙げたんですが、新婚旅行先は長崎、熊本、宮崎、鹿児島を選びました。なぜなら、鹿児島には鹿児島実業、宮崎には小林高校と長距離の名門校があって、リクルーティングも兼ねた新婚旅行だったわけです。そのかいあって、鹿児島実業からは新原保徳、小林からは田中登が入学して、彼らは1年生から4年生まで、4回箱根を走って優勝への土台を作ってくれた。だからこの新婚旅行が強化につながっていたというわけです。家族のサポート、理解がなければ決して指導はできないんです」

澤木は結婚するにあたり、夫人にこんなことを話したという。

「私はこのように飛び回るのが仕事になるから、子供の教育は任せる。私の両親に対しても、自分の両親に接するように接してほしい。もちろん、私もそうする。お互いが大切にしてきた友だちは、お互いが大切にし合おう。それに実際の生活では私の学生まで、大切にしてくれました」

新婚時代からずうっと、澤木家では11月上旬の全日本大学駅伝が終わる時期からクリスマスまでの土曜日、駅伝対象者である部員を自宅に招き、食事会を続けている。駅伝を走る可能性がある選手となると、中長距離ブロック全員が対象になるわけで、その数は30人ほどにのぼる。

それだけではない。学生の朝練習が終わるころを見計らって、夫人は風呂を沸かして練習の終わる学生たちを待っていた。

とても中途半端な気持ちで継続できることではない。

「この食事会も2001年に監督を退任後、もうやめようかと思ったんです。ところがいまだに続けていて――。女房だけではなく、女子学生も手伝ってくれて、みんなのサポートがあるからできることなんですが、実は女房の実家は早稲田を指導してらっしゃった中村清さんの家と付き合いがありましてね。だから中村さんが学生を自宅に呼んで食事をふるまうといった習慣を知っていたわけです。中村さんだけでなく、帖佐先生もよく学生に食事をご馳走していましたよ。昔の人は自宅に学生を住まわせたり身銭を切るのは厭わなかった」

澤木が監督に就任してからの順天堂大学の箱根駅伝での成績は、次の通りだ。

1974年　3位
1975年　2位
1976年　5位
1977年　4位
1978年　2位
1979年　優勝

「結果的に優勝まで6年かかったわけです。あのころは必死で、一年一年がものすごく長かった印象があります。きっと、密度が濃かったんでしょうね。なかなか優勝まで届かなかった時期は、旭化成に合同練習をお願いしたりもしました。目的は、なぜ実業団の選手はたくましく、学生はひ弱なのか。これを指導者として見極める必要がありました。決定的に違っていたのは、旭化成の選手は『プライド』を持って練習していたことです。お互いが切磋琢磨する理想的な環境の中で、この練習をすれば絶対に強くなれるんだという自信、これが彼らにはみなぎっていた。それがまだ学生にはなかったんですが、結果を出していく過程で、選手たちも順天堂で走っているんだというプライドが出てきましたし、私も指導者として自信がついてきた。私は監督であり、研究者でもある。箱根駅伝は研究の実証の場なんです。いろいろな科学的な手法を発表して、それを実際に強化の現場で生かしていった」

黄金時代を築いた理由——他校を圧倒した医科学的アプローチ

澤木が発表した代表的なものには、現在の陸上界では当然のこととされることが数多く含まれている。

長距離の選手には欠かせない、最大酸素摂取量の測定。

心肺機能をエンジンとするなら、速くなるためにはエンジンだけではなく、足回りが重要だろうと発想し、脚筋力を重視するようになったこと。

さらには選手の血液性状を調べ、赤血球、白血球、ヘモグロビンの値を個別に収集することで、トレーニングの負荷強度を調整していく先進的な手法をいち早く取り入れた。のちに血中乳酸の指標を導入したのも澤木である。

澤木が高校時代、ヨーロッパ遠征で学んだ「トレーニングはコーチと選手のマン・ツー・マンでおこなうもの」ということを、データを生かしながら実践していたのである。さらに順天堂大が少数精鋭で、澤木が面倒を見られる規模で戦ってきたことも大きいだろう。部員数が大所帯の日体大とはそのあたりの事情が違う。

澤木は箱根駅伝に医科学を導入することで、1980年代に圧倒的な強さを発揮する。1979年の初優勝から1989年までの間に4連覇を含む優勝7回、2位が2回、3位が2回という「王国」を築くことに成功した。理論で一歩も二歩も先んじたことが勝因だった。

澤木の陸上競技に対する医科学的なアプローチは、競争の次元を根本的に変えてしまったのだ。その意味で、澤木は箱根の「革命者」だった。

箱根駅伝の優勝タイムでも、1988年の第64回大会では11時間04分11秒と、当時としては画期的なタイムをたたき出して優勝。澤木のアプローチが長距離界のレベルを一気に押し上げた。

「研究者としては研究したものを、どこで証明するのか。それが必要になります。箱根駅伝は一つの実証の場でした。選手を指導するのはフィールドワークであり、競技力の向上が研究の正しさを証明することにつながる。それがコーチング科学であり、私にとっては研究領域の集大成、いや、『作品』でしたね」

その後、1990年代は優勝から遠ざかってしまう。澤木は苦笑しながら振り返る。

「私がいろいろな理論を発表していくでしょう。そうすると、当然のことながらどこの大学もそれをトレーニングに導入していく（笑）。そうして箱根駅伝が全体的にレベルアップしていった時期でしたね。ただ、その状況でも選手のコンディショニングに対する取り組み姿勢では一歩先んじているという自負心はずうっと持っていましたよ」

雌伏10年、1999年の第75回大会で再び澤木は順天堂大学を優勝に導くが、この時は決して優勝候補に挙げられていたわけではなかった。しかし事前に澤木は手ごたえをつかんでいた。選手の身長、体重、体脂肪や最大酸素摂取量といったデータを取っていくうち、運動生理学の研究者が「このデータならば勝っても不思議はない」と指摘していたのである。ほとんどの選手がベストの体重で試合に臨み、10年ぶりの優勝を飾ったのだった。

「体重（体脂肪）が減るということ、これは最大酸素摂取量が増えるということなんです」

まさに、澤木が追究してきたコンディショニングが勝利を呼び込んだ。

それにしても10年のブランクがあって優勝するのは、澤木の陸上競技に対する並々ならぬ情熱があったからだろう。新しい方法論を50代後半で発見したのだから。

ただ、指導者である澤木にとって箱根駅伝がすべてではない。箱根がテレビ中継されるようになって、相対的に地位が低下してしまった全日本インカレでは、順天堂大学は16連覇を含む25回の優勝を誇っている。

「陸上競技は『トラック&フィールド』なんです。そこでどうやって結果を残すのか、それが重要なんです。私としてはあくまで駅伝は中長距離の延長線上にあると思ってやってきました。関東、全日本のインターカレッジは陸上競技にたずさわる人間にとってはとても重要な大会です。だから駅伝の強化ばかりに力を入れる学校が出てきた時の歯止めとして、予選会に『インカレポイント』が導入されたわけです」

「眼力というか、センスというか」

順天堂大学が黄金期を築いたのは、医科学的なアプローチが功を奏したばかりではなく、選手に対する観察力や箱根のコースを熟知した上での戦略性があったからでもある。新婚旅行をリクルーティング・トリップと兼ねてしまうほど指導に入れ込んでいた澤木だが、リクルーティングにあたっては選手の記録はさほど重視しなかった。

「記録ではないんです。まず、選手の動きを見ます。この動きの延長線上に、選手がどう成長していくか。それを考えます。観察するのは別に走っている時ばかりではありませんよ。ウォームアップや、歩行を見て、体幹がしっかりしてると思った選手がいれば、選手の後を追って、どこのテントに入るのかなと見る。そこで勧誘するわけです」

現在、山梨学院大学の監督を務める上田誠仁も澤木にリクルーティングされた選手のひとりである。

「彼は中学日本一を2回獲って、早熟な選手であり、努力に努力を重ねた選手だというのは見てすぐに分かりました。だからリクルートする時も、将来、オリンピックを狙うような選手ではないし、動きで目に留まる選手ではなかったけれど、精神力には見どころがありました。彼の例だけではないけれど、動きのいい選手ばかりを勧誘するのではなくて、視点を変えた中で気になる選手をリクルートしていくわけです」

そして順天堂大学の強さを支えたものに、復路の強さがあげられる。澤木が指導した9回の優勝中、実に7回が復路での逆転劇が生んだ優勝なのだ。

しかし澤木は特に復路を重視したオーダーを組んだわけではなかったという。自分の持ち駒、そしてライバルとなりそうなチームの戦力分析を経て、最良のオーダー、最適な「解」にたどりつく。それには各区間に合った選手を配置することが重要で、

澤木の明晰な分析には驚かされる。

「5区と6区。同じ山を攻略するにしても、登りと下

1999年の第75回大会で総合優勝。これが監督として8度目の総合Vとなった

り、これが違うのは素人でも分かるでしょう。しかし裏表となる2区と9区、3区と8区でも必要とされる能力は違ってくるんです。

分かりやすいところから話をしましょうか。みなさん山登りの5区は難しいというう。本当にそうだろうか。

私は下りの方が難しいと思います。下りはブレーキをかけたらいけないので、ある程度度胸があれば走れます。しかし60分を切って区間賞を狙うような選手は、走りのバランスが要求されるんです。5区は攻略可能な区間だと思うんですが、6区は技術的に攻略するのはかなり難しい区間ですよ。今、順天堂大学の監督をやっている仲村明は2年生の時に下りで区間賞を獲って、これまでの箱根駅伝の歴史で登りと下りの両方で区間賞を獲った人はひとりしかいないということで、3年、4年と5区を任せてみました。残念ながら両方とも区間2位だったんだ（笑）」

往路の配置も興味深い。スタートの1区、そして澤木も学生時代走った2区のランナーには様々な要素が要求されるという。

「1区のランナーに求められるのはブレーキがなく、先頭とどれくらいの差で来てくれるのかという安定性でしょう。ただ、年によって1区にエースを置いてスタートから飛ばしてくる学校がある。そうなると後続もそれにつられたりして、大混乱をきたすことがあるんです。たとえそんな状況になったとしても、冷静に、落ち着いて走れる信頼できるランナーを置く。でも以前に、中距離の選手を配置したので、『ビリにならなきゃいいから』と言って気楽に走らせようとしたら、20人中19番だった（笑）。2区はね、これは『超エース』が走るべき区間なんです。2区は単に距離が長いだけでなく、平地、登り、下りがあるバラエティに富むコースなんです。だからこそこの区間を走るランナーは、オールマイティでなければならない。私はそう考えてきました」

澤木の話を聞き、「花の2区」と呼ばれる理由が改めて実感された。往路の戦略上の重要ポイントというだけでなく、長距離ランナーに必要な要素がすべて試される区間なのである。

かつて瀬古利彦も1年生でこの2区を走った時は、終盤の権太坂でフラフラになった。練習が順調でなかったせいもあるが、要はごまかしが利かない区間なのである。だからこそ、宝石のような素材が入学してきた時には澤木は慎重に、丁寧に育てた。

「1995年に松江商業から三代直樹という選手が入ってきました。能力の高い選手なので1年から2区を走らせてもよかったし、私も使いたかった。ただ、1年生だし大切に育てたい気持ちが最後には勝って、1年生の時は1区を走らせました（区間3位）。そして2年生からは2区です。2年の時は1時間13分23秒かかって区間8位、3年になって1時間08分18秒で走って区間3位になります。いよいよ4年では1時間06分46秒（区間新記録）で7人抜いてトップに立った。その年は復路の9区で逆転して、10年ぶりの優勝を達成するんですが、このようにひとりのランナーを4年間かけて2区のエースに育てていく。そういった発想も必要なんです」

ただし、長い監督生活の中で、戦力を見渡してみて、どうしても2区を任せられるような絶対的なエースがいない年がある。そんな場合はどうするのか？

「エースがいない時に他の区間でどうタイムを稼ぐのか。それは監督の考えどころでしょうね。相手チームとウチの実力差を見比べて、どこで相手を崩していくのか。それにはきっちりと区間の特性を把握して、適材適所、これなくして優勝はあり得ません。だからまず最初に監督がやらなくてはいけないのが、自分でペースを作れる選手なのか、競り合いの中でリズムを作っていく選手なのか、これを見極めることです。ひとりで走るのが苦手な選手もいますからね。そうすると自ずと往路向き、復路向きの選手が見えてきます。選手の力を見極めるだけでなく、適切なトレーニングができているのか、指導者の眼力というか、センスが問われます」

澤木が「マン・ツー・マン」が基本だと指摘するように、陸上の世界では指導者と選手が向き合わなければ記録の向上は望めない。

「選手と信頼関係を築くには、まず指導者が嘘偽りのない自分をさらけ出して、それを理解してもらわなければいけないでしょう。理解してもらうには、時間がかかります。上級生になってから気持ちが伝わることが多いのは、時間と共に理解が深まるからでしょう。中には卒業してからでないと、理解してもらえない人間もいます（笑）」

澤木は、昨今の箱根駅伝をどう見ているのか？

澤木は大学陸上界だけでなく、日本の強化という高所から大学の長距離界、そして箱根駅伝を見る視点を兼ね備えている。澤木は21世紀に入ってから、箱根駅伝で棄権者が相次いでいることが気になっている。

「最近、棄権の頻度が多くなってしまったのには何か問題があるんじゃないか、そう考えざるをえません。たしかに箱根駅伝はいろいろな意味で巨大化しすぎた。メディアに対する露出も昔とは比べ物にならない。そういう状況になって、選手としてはなんとしても頑張らなくてはならない、その思いが強すぎて、体調が悪くなっているのにそれを隠そうとする選手が多くなったんじゃないかと感じます」

そんな澤木自身も選手の危険に直面した苦い経験を持つ。取材をしてから数日が経って、澤木は1995年に棄権したことを振り返り、こんなファックスを送ってくれた。

「12月中旬、9区走行予定の当該学生は、足の頸骨《けいこつ》の痛みを訴えており、種々治療につとめ、最終的には3人の整形外科医に、レントゲン写真をもとに判断を仰ぎました。ふたりの先生はゴーサイン、もうひとりの判断は保留という診断結果でした。この先生の最終的な判断は『現場でご覧になった方の目により、判断されるのが適切でしょう』とのことでした。しかし、私は藁にもすがる思いで2対1の確率を選び、その選手を9区でなく10区に起用しました。その結果、10区11キロを第4位走行中、途中棄権という措置をとりました。

痛恨の極みではありましたが、その後、医科学的なデータのみではなく、『現場の目と科学の調和』が必要と思いました」

澤木が「藁にもすがる思いで」と書いているのを読んで、胸が熱くなる思いがした。冷静な戦略家のイメージがある澤木にしても、そんな気持ちになることがあったのだ。2対1の確率に賭けたあたりなど、科学者であり同時に勝負師である面もうかがえる。

箱根はギリギリの戦いなのである。

そして結びに書かれた「現場の目と科学の調和」こそ、今の箱根駅伝に求められているもの、そのものではないか。

澤木は現場の目を重視する。体調不良の選手を見抜くのに必要なことは、その選手のいいイメージがどれだけ自分の頭の中に入っているかだという。イメージと実際に自分が見た時のズレ、ここにヒントが隠されている。だから選手のいい状態を焼き付けておくのが大切だという。

現在は監督が運営管理車に乗って、選手の状態を見ているが、それでも2013年の大会のように気象条件の影響もあって、棄権する選手も出る。かつては「伴走車」と呼ばれたが、監督が選手をレース中に指導するスタイルには昔から賛否両論がある。

澤木は伴走車に「監督車」という言葉を選んだ。いかにも指導者として長いキャリアを経てきた手触りがその言葉には詰まっていた。

「私は監督車が選手の後ろにつくのは、『箱根スタイル』ということでいいんじゃやないかと思っているんです。かつて人馬一体という言葉がありましたが、監督車と選手の呼吸がぴたりと合って、普段の練習からは考えられないような好タイムが飛び出す。これが箱根の醍醐味であると思うんです。私は監督車に乗っても多弁なほうじゃありませんでしたけどね。もし、選手が走っている1時間の間、監督がずうっと話していたとしたら、大切な言葉が選手に伝わらないと思います。だから重要な伝えたいことだけを伝えていましたよ」

この言葉を聞けたのはうれしかった。

澤木は箱根駅伝の持つ素晴らしさ、先人たちが培ってきた「文化である箱根駅伝」を理解していると思った。

監督の力を借りて好タイムを出すのは選手の強化につながらないと指摘する指導者もいる。しかし個人的にはかつて伴走車と呼ばれ、自衛隊のジープに乗って選手を叱咤激励するスタイルは、箱根の風物詩だと思っていた。箱根から伴走車が消えたのはいかにも残念なことだと思っていたが、澤木が「箱根スタイル」に理解を示していたのは意外でもあり、だからこそうれしいものだった。

箱根駅伝の持つ意味

　テレビの完全中継が行われて以来、箱根駅伝は大きく発展してきた。選手に過重なプレッシャーがかかっているという指摘もあるが、現在の学生スポーツで、これだけ影響力のある競技は見当たらないと言っても過言ではない。そうした状況を澤木はどう見ているのか。

　大学にとってスポーツ活動とは何か。澤木は３つの指標をあげた。

「まず、オリンピックに学生、同窓生を含めて何人の選手を送り込んだかというのが一つ。２つ目にはスポーツを愛好する学生諸君に対してどれだけの環境を提供できるのか。これも大切です。そして３番目としては箱根駅伝やインターカレッジにおいて、大学としてどこまで勝負できるのか、それが問われている。今の大学陸上界は、大学としてのパワーがどれだけあるかということが試されていると思いますよ。たとえばリクルーティングのキャパシティがどれだけ持てるのか。順天堂でいえば、医科学の分野とどれほどの協力関係が結べるのか、そういった総合的な力を試されているわけです。ですから、順天堂大学にとっては箱根駅伝が医科学という分野における一つの研究成果と見ることができるわけです」

昨今は大学スポーツの価値に目覚めた大学が、スポーツ・福祉関係の学部を次々と設置している。澤木の話によれば、2003年の時点で私学においてスポーツ・福祉関係の学部は全国で29校に設置されていたが、現在ではその3倍以上の学校が「参入」している。予備校の調べによれば、多くの学部では定員割れの状況となっているが、学校側からすれば優秀な選手の奪い合いという状況が起きている。

「経営的な視点で見ても、箱根駅伝は非常に重要な意味を持っています。宣伝効果があるのはもちろんですが、それだけではなく、駅伝にかかわっているスタッフ、大学の同窓生に対する求心力を持っていると思うんですね」

それだけ駅伝にたずさわる監督、選手には過大なプレッシャーがかかっているという指摘もある。いや、かかりすぎているのではないか、と。澤木はクールに答えた。

「それは当然でしょう。学生スポーツだから過大なプレッシャーにさらされているというのではなく、私は今の箱根駅伝は大きな注目、期待を受けて監督冥利に尽きるし、選手にしても選手冥利に尽きると思う。それは監督や選手だけでなく、サポートしてくれるスタッフや家族、みんな支えてくれる人がいて箱根を走ることができるんです。自分の人生をかける価値があるんです、箱根には」

ただし、現在の長距離界を担う選手たちには苦言を呈する部分もある。

「鋼《はがね》のような強さがない。今の選手たちは条件が整えば素晴らしい走りを見せます。ところが条件が合わないとランニングフォームを含め、お粗末な走りになってしまうことがある。条件が合わないと、という話ではまだまだトレーニングが足りないということでしょう」

強い選手が箱根から世界に育っていくこと。それが関係者の願いである。特に高校時代から世界で活躍することを現実のものとしてとらえていた澤木にとっては、ひとりでも多くの選手がオリンピックで走れるようになってほしいと思っている。

「箱根駅伝が選手としてのゴールでも私はいいと思っています。ただし、駅伝をステップにして、世界に羽ばたいていく人材が出てこないと、困りますね。温故知新、箱根駅伝がなぜ始まったかを関係者、そして選手はもう一度確認してほしい。世界に通じる力をつけるために大先輩方が箱根駅伝をスタートさせたんですよ。その原点を忘れず、そこに新しいことをプラスしていく。これを忘れてほしくない。今の指導者は検索すればなんでも情報が入手できる時代ですから、よく勉強をしているとは思います。情報というより、知識量ですね。ただ、そこから強化にどう結びつけていくかという部分は、指導者としての『眼力』が問われます。情報と眼力、これが調和してこそ、本当の形になるんじゃないでしょうか。眼力なんて、単純なことなんです。どれだけ多くのランナーがいて、多くの競技会があり、そして世界でどんなトレーニングが行われているのか。そうしたアイディアを応用していく感受性が必要です。例えば隣のグラウンドで、他の運動部が面白いトレーニングをしている。それを見て、パッと応用できるようなアイディアが思いつけるかどうか。これはセンスであり、感性の問題でしょう。私は金太郎飴のようなチームは好きじゃない。誰が走っても同じじゃ面白くないし、四季折々、独創的なチームカラーを持ったチーム同士が競い合う。それが箱根の魅力だと思いますよ」

「理」と「熱」

順天堂大は2007年に優勝を果たしたが、翌年は途中棄権、そして2010年、

2011年と本戦に出場できず、連続出場記録は途切れた。

「競争は激しい。ただ、箱根駅伝の長い歴史の中で50年以上も連続出場して、これだけ長期間安定した成績を残してきたことに対してはプライドを持っております。だからみなさんが箱根に熱狂するのは分かるんだけれども、もう少し長いスパンで箱根を観察してほしいんです。選手の中には箱根をステップにして、世界を目指す選手もいる。しかし箱根を走ることがゴールだということもまた、崇高なゴールなんです。今の箱根はそれにふさわしい舞台だと思いますよ。忘れてはいけないのは、みんなが箱根にかける思いがあって、箱根を経て、その人が何を成しえたのか、そこがポイントだと思います。大学には趨勢があって、勝つ時もあれば負ける時もある。しかし、箱根を経験したことでそれぞれの人生が充実したものになるのなら、勝った負けたは問題ではなくなる。そうなれば箱根の価値は計り知れないと思います」

様々な要職を兼務しながらでも、澤木は11月上旬になるとチームの朝練習、重要なポイント練習、強化合宿には足を運ぶ。

「まだまだ自分には足らないものがあります。例えば選手のコンディションのチェック表を何年もかけて精緻に作り上げていったけれども、野口みずきを指導する藤田（信之）監督はより精巧なものを作っていましたよ。たどりつくところは一緒でも、ゴールに向かうまでのルートが違うところが面白い。年齢は関係ないです。研究心が衰えることはありませんよ」

1時間を超えるインタビューの中でさえ、澤木の魅力は際立った。

陸上競技の世界と医科学との統合に成功した研究者でありながら、競技そのものに対してはあくなき情熱で臨んでいく。

つまり、「理」と「熱」を統合させた先駆者に他ならないのである。

その稀有な指導者としての実績は、箱根駅伝総合優勝9回という数字に凝縮されている。

いや、数字がすべてではない。澤木の陸上競技に対する熱い言葉を聞くと、理とともに熱がなければ箱根では勝負できないのだと、改めて感じたのである。

順天堂大学

過去の箱根駅伝成績
(初出場以降)

回	年	総合	往路	復路
34	58年	10位	12位	10位
35	59年	12位	15位	10位
36	60年	13位	15位	7位
37	61年	10位	12位	10位
38	62年	11位	10位	10位
39	63年	5位	6位	6位
40	64年	5位	12位	4位
41	65年	3位	4位	3位
42	66年	優勝	優勝	2位
43	67年	2位	4位	2位
44	68年	3位	2位	5位
45	69年	3位	2位	3位
46	70年	2位	4位	3位
47	71年	2位	3位	2位
48	72年	4位	4位	4位
49	73年	4位	3位	5位
50	74年	3位	3位	3位
51	75年	2位	3位	3位
52	76年	5位	5位	4位
53	77年	4位	4位	4位
54	78年	2位	優勝	5位
55	79年	優勝	優勝	2位
56	80年	2位	3位	2位
57	81年	優勝	優勝	2位
58	82年	優勝	2位	2位
59	83年	3位	3位	3位
60	84年	3位	5位	3位
61	85年	2位	2位	3位
62	86年	優勝	5位	優勝
63	87年	優勝	3位	優勝

回	年	総合	往路	復路
64	88年	優勝	優勝	優勝
65	89年	優勝	優勝	優勝
66	90年	5位	4位	7位
67	91年	6位	9位	優勝
68	92年	3位	8位	優勝
69	93年	9位	13位	5位
70	94年	3位	3位	3位
71	95年	棄権	4位	棄権
72	96年	3位	6位	4位
73	97年	9位	8位	7位
74	98年	5位	10位	4位
75	99年	優勝	2位	優勝
76	00年	2位	5位	2位
77	01年	優勝	2位	優勝
78	02年	2位	3位	3位
79	03年	8位	7位	10位
80	04年	5位	12位	2位
81	05年	5位	4位	6位
82	06年	4位	優勝	10位
83	07年	優勝	優勝	優勝
84	08年	途中棄権		
85	09年	19位	18位	21位
86	10年	出場せず		
87	11年	出場せず		
88	12年	7位	13位	5位
89	13年	6位	8位	7位

文庫版あとがき

本を書くことは、「発見」につながる。

実際、頭の中にあることを書くばかりではなく、「こういうことを入れたら面白いだろうな」と思って調べものをして、そこに意外な発見があったりするから面白いのである。そうじゃないと、地味な作業を続けられない。今回も、発見があった。

2013年に入学した選手たちで、5000メートルを14分台で走る選手たちはどれほどいるのだろうと思い、ベースボール・マガジン社から出ている『大学駅伝2013 夏号』を開いてみて驚いた。東洋大・酒井監督の章でも書いたが、高校時代に14分台で走った選手が282人もいたのだ。そうなると好奇心がムクムク湧いてきて、どれどれ、その前はどうなっていたかと思ってバックナンバーを探してみると、2012年は286人、2011年は283人もいた。

この数字を見て、面白いと感じた。各学年には能力差があると言われているが、それはエリート選手のインパクトによって左右され、総体的に見てみると15分を切る選手の数は変わっていない。個人だけでなく、集団としての能力にも「指標」があるのだ、と感じたのである。大学の監督側から見れば、およそ300人のなかから、伸びしろのある人材をリクルートすることがポイントになっている。15分を切ったからといって、有望な選手と目される時代はもう終わった。そして監督たちの「眼力」が駅伝の結果へと直結していく。

面白いもので、監督たちはライバルでありながら、仲間でもある。全日本大学駅伝の場合は、レース前日、名古屋で一堂に会するため酒を酌み交わしながら、あれこれ話し合うという。早大の渡辺監督によれば、「全日本で監督たちが乗るバスには乗らない方がいいですよ。本当にお酒臭いから（笑）」とのこと。中には体質的にお酒を受けつけない監督もいるが、みなさん、お酒と話をするのが大好きな面々。お互い、苦労していることを知っているから、忌憚のない意見をぶつけ合うことが出来るのだろう。

この本は２００８年に日刊スポーツ出版社から上梓した『監督と大学駅伝』に大幅に手を加えた文庫版である。

加筆、修正が必要になったのは、この本を出してから箱根駅伝は大きく変化したからだ。２０１１年には早稲田大学が18年ぶりに優勝して、渡辺監督の公約通りに大学駅伝三冠を達成。２０１２年には東洋大学が10時間51分36秒の驚異的な大会記録で優勝し、２０１３年は日本体育大学が30年ぶりの総合優勝を果たし、戦国時代の様相を呈してきた。

文庫化すると決まった時点から、出雲、全日本、箱根の三大駅伝の現場で聞いた監督の言葉を生かして再構成を行うと決めていた。その意味で、最新の情報をお届けできたと思っている。

そして今回、文庫版への新たな書き下ろしとして東洋大学の酒井監督に取材をした。２００９年の夏、酒井監督は監督に就任したばかりで、まだその実力のほどは未知数だった。しかし２０１０年の箱根駅伝で優勝し、その後も安定した成績を残している。今回、酒井監督に話を聞いてみて、わずか数年で社会が大きく変化し、それが大学の陸上長距離界にも影響を及ぼしていることに気づいた。東日本大震災があって東北地方の高校生たちの競技環境にも少なからず影響が出ているし、スマートフォンの発達が選手たちの習慣に多大な影響を与えている。内向しようと思えばいくらでも内向できる道具が選手たちの手元にはあって、監督たちはそれに対処しながら指導していかなければならない。

選手たちと同年代の子どもを持つ私としても、ずいぶんと考えさせられた。スマートフォンをいじっているわが子どもたちを見るとイライラして、「そんなにつながってどうすんだ?」と罵声を浴びせている私としては、酒井監督の言葉は新鮮だった。「いまの時代、メールやＬＩＮＥだと選手の内面に入っていけるチャンスもあるんです。とても対面では本音を引き出せないようなことも、メールだと可能になったりするんです」

目から鱗とは、このことだと思った。

新しいものに抗うのは、賢いことではない。それは分かっているのだが、ふだんはなかなか認めることができない。ところが、取材でそういった話を聞くと素直な気持ちになれる。酒井監督の話を聞いてから、私は娘とメールをやりとりする時のスタンスを変えた。

こちらが素直になれば、子どもも素直な気持ちで返してくれるかもしれないと思って。

やはり、仕事には「発見」があるのだ。だから、続けられる。

今回もたくさんの方々にお世話になり、この本ができあがった。講談社の山本忍さんは『監督と大学駅伝』を目に留め、文庫という形で甦らせてくれた。山本さんは歌舞伎役者の本も編集していて、最近は歌舞伎について書くことが増えた私にとっては、「めぐり合わせがいいな」と感じたこともあり、気持ちよく仕事を進めることができた。日刊スポーツ出版社の小川誠志さんは、文庫化を快諾してくださった。

そして長距離界の取材をして何より励まされるのは、朝、原稿を執筆するのがつらいときも、「学生は朝5時から走ってるんだよな」と思い浮かべると、少しだけ頑張ることができるのだ。

２０１３年8月29日

国分寺にて　生島　淳

【参考文献】

『冬の喝采』黒木亮著　講談社　2008年10月
『タスキを繋げ！　大八木弘明―駒大駅伝を作り上げた男』生江有二著　晋遊舎　2008年7月
『マラソンの真髄』瀬古利彦著　ベースボール・マガジン社　2006年12月
『夢は箱根を駆けめぐる』佐藤次郎著　洋泉社　1999年3月
『伴走者～陸上に賭けて散った、中村清の苛烈な生涯』木村幸治著　JICC出版局　1990年2月
『駅伝がマラソンをダメにした』生島淳著　光文社新書　2005年12月
『箱根駅伝』生島淳著　幻冬舎新書　2011年11月
『人を育てる箱根駅伝の名言』生島淳著　ベースボール・マガジン社　2012年12月
『箱根駅伝　熱き思いを胸に襷がつないだ80年間』ベースボール・マガジン社　2004年12月
『大学駅伝』ベースボール・マガジン社　各号
『箱根駅伝』ベースボール・マガジン社　各号
『陸上競技マガジン』ベースボール・マガジン社　各号
『月刊陸上競技』講談社　各号

回	年	総合優勝	往路優勝	復路優勝
46	1970	日本体育大	日本体育大	日本体育大
47	1971	日本体育大	日本大	日本体育大
48	1972	日本体育大	日本体育大	日本体育大
49	1973	日本体育大	日本体育大	大東文化大
50	1974	日本大	東京農大	大東文化大
51	1975	大東文化大	大東文化大	大東文化大
52	1976	大東文化大	大東文化大	日本体育大
53	1977	日本体育大	日本体育大	日本体育大
54	1978	日本体育大	順天堂大	日本体育大
55	1979	順天堂大	順天堂大	日本体育大
56	1980	日本体育大	日本体育大	日本体育大
57	1981	順天堂大	順天堂大	大東文化大
58	1982	順天堂大	日本体育大	早稲田大
59	1983	日本体育大	日本体育大	早稲田大
60	1984	早稲田大	早稲田大	早稲田大
61	1985	早稲田大	早稲田大	日本体育大
62	1986	順天堂大	早稲田大	順天堂大
63	1987	順天堂大	日本体育大	順天堂大
64	1988	順天堂大	順天堂大	順天堂大
65	1989	順天堂大	順天堂大	順天堂大
66	1990	大東文化大	大東文化大	中央大
67	1991	大東文化大	大東文化大	順天堂大
68	1992	山梨学院大	山梨学院大	順天堂大
69	1993	早稲田大	早稲田大	早稲田大
70	1994	山梨学院大	山梨学院大	山梨学院大
71	1995	山梨学院大	早稲田大	中央大
72	1996	中央大	早稲田大	中央大
73	1997	神奈川大	神奈川大	駒澤大
74	1998	神奈川大	神奈川大	神奈川大
75	1999	順天堂大	駒澤大	順天堂大
76	2000	駒澤大	駒澤大	駒澤大
77	2001	順天堂大	中央大	順天堂大
78	2002	駒澤大	神奈川大	駒澤大
79	2003	駒澤大	山梨学院大	駒澤大
80	2004	駒澤大	駒澤大	駒澤大
81	2005	駒澤大	東海大	駒澤大
82	2006	亜細亜大	順天堂大	法政大
83	2007	順天堂大	順天堂大	順天堂大
84	2008	駒澤大	早稲田大	駒澤大
85	2009	東洋大	東洋大	東洋大
86	2010	東洋大	東洋大	駒澤大
87	2011	早稲田大	東洋大	早稲田大
88	2012	東洋大	東洋大	東洋大
89	2013	日本体育大	日本体育大	駒澤大

東京箱根間往復大学駅伝競走
歴代優勝校

回	年	総合優勝	往路優勝	復路優勝
1	1920	東京高等師範	明治大	東京高等師範
2	1921	明治大	早稲田大	東京高等師範
3	1922	早稲田大	東京高等師範	早稲田大
4	1923	早稲田大	明治大	早稲田大
5	1924	明治大	東京高等師範	明治大
6	1925	明治大	中央大	明治大
7	1926	中央大	中央大	明治大
8	1927	早稲田大	早稲田大	早稲田大
9	1928	明治大	明治大	早稲田大
10	1929	明治大	早稲田大	明治大
11	1930	早稲田大	慶應大	早稲田大
12	1931	早稲田大	法政大	早稲田大
13	1932	慶應大	日本大	早稲田大
14	1933	早稲田大	早稲田大	早稲田大
15	1934	早稲田大	早稲田大	日本大
16	1935	日本大	日本大	日本大
17	1936	日本大	日本大	日本大
18	1937	日本大	日本大	日本大
19	1938	日本大	日本大	日本大
20	1939	専修大	専修大	専修大
21	1940	日本大	日本大	日本大
22	1943	日本大	慶應大	専修大
23	1947	明治大	明治大	慶應大
24	1948	中央大	中央大	中央大
25	1949	明治大	明治大	中央大
26	1950	中央大	中央大	中央大
27	1951	中央大	中央大	中央大
28	1952	早稲田大	中央大	早稲田大
29	1953	中央大	中央大	中央大
30	1954	早稲田大	早稲田大	早稲田大
31	1955	中央大	中央大	中央大
32	1956	中央大	中央大	中央大
33	1957	日本大	日本大	早稲田大
34	1958	日本大	日本大	日本大
35	1959	中央大	中央大	日本大
36	1960	中央大	日本大	中央大
37	1961	中央大	中央大	中央大
38	1962	中央大	中央大	中央大
39	1963	中央大	中央大	明治大
40	1964	中央大	中央大	中央大
41	1965	日本大	日本大	日本大
42	1966	順天堂大	順天堂大	日本大
43	1967	日本大	日本大	日本大
44	1968	日本大	日本大	日本大
45	1969	日本体育大	日本体育大	日本体育大

本書は、2008年に日刊スポーツ出版社から刊行された単行本『監督と大学駅伝』を改題し、大幅に改訂して文庫化したものです。

生島 淳―1967年生まれ。スポーツライター、ジャーナリスト。早稲田大学社会学部卒業後、博報堂勤務を経て、スポーツライターに。国内外を問わない取材、執筆活動のほか、ラジオパーソナリティとしても活躍。NHK－BSのスポーツニュースのキャスターも務める。著書には『駅伝がマラソンをダメにした』(光文社新書)、『スポーツを仕事にする!』(ちくまプリマー新書)、『愛は負けない 福原愛選手ストーリー』(学研)、『箱根駅伝』『箱根駅伝 新ブランド校の時代』(以上、幻冬舎新書)などがある。

講談社+α文庫 箱根《はこね》駅伝《えきでん》 勝利《しょうり》の方程式《ほうていしき》
――7人の監督が語るドラマの裏側

生島《いくしま》 淳《じゅん》 ©Jun Ikushima 2013

2013年10月21日第1刷発行

発行者――鈴木 哲
発行所――株式会社 講談社
東京都文京区音羽2-12-21 〒112-8001
電話 出版部(03)5395-3529
販売部(03)5395-5817
業務部(03)5395-3615
カバー写真――月刊陸上競技写真部
デザイン――鈴木成一デザイン室
本文データ制作――講談社デジタル製作部
カバー印刷――凸版印刷株式会社
印刷――大日本印刷株式会社
製本――株式会社千曲堂

落丁本・乱丁本は購入書店名を明記のうえ、小社業務部あてにお送りください。
送料は小社負担にてお取り替えします。
なお、この本の内容についてのお問い合わせは
生活文化第二出版部あてにお願いいたします。
Printed in Japan ISBN978-4-06-281534-5
定価はカバーに表示してあります。